くもんの小学ドリル

がんばり1年生 学しゅうきろくひょう

名まえ

1	2	3	4	5	6	7	8
9	10	11	12	13	14	15	16
17	18	19	20	21	22	23	24
25	26	27	28	29	30	31	32
33	34	35	36	37	38	39	40
41	42	43	44				

JN028745

あなたは
「くもんの小学ドリル　こくご　1年生かん字」を、
さいごまで　やりとげました。
すばらしいです！
これからも　がんばってください。

1さつ　ぜんぶ　おわったら、
ここに　大きな　シールを
はりましょう。

1年生の かんじ かくすう さくいん

すうじは ページを あらわします。

©くもん出

かくすうの かぞえかた

かんじの かくすうは、ひとふでで かく ぶぶんを 1かくと して かぞえます。

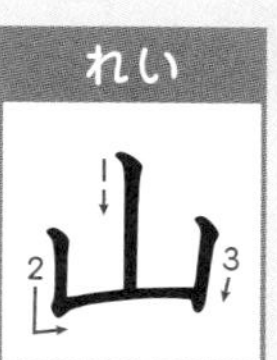

「山」は **3かく**です。

5かく～12かくは、2ページに あります。

1 川・山・木

がつ　にち　なまえ

はじめ　じ　ふん　おわり　じ　ふん

とくてん　てん

（1〜3は ぜんぶ かいて 30てん）

©くもん出

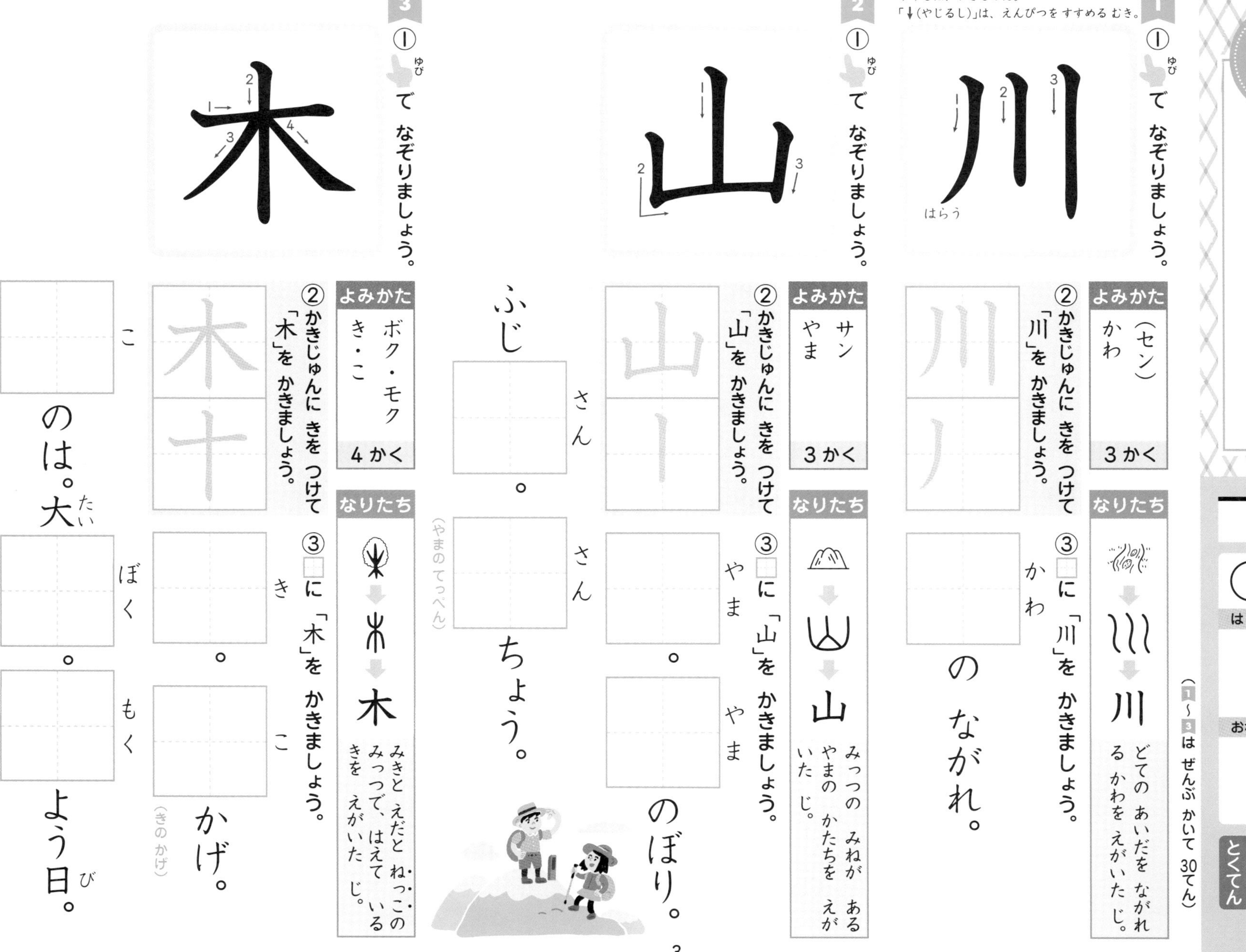

1 ① ゆびで なぞりましょう。

すうじは、かきじゅん。
「↓（やじるし）」は、えんぴつを すすめる むき。

川（はらう）

よみかた　（セン）　かわ　3かく

② かきじゅんに きを つけて 「川」を かきましょう。

なりたち　川　どての あいだを ながれる かわを えがいた じ。

③ □に「川」を かきましょう。

□（かわ）の ながれ。

2 ① ゆびで なぞりましょう。

山

よみかた　サン　やま　3かく

② かきじゅんに きを つけて 「山」を かきましょう。

なりたち　山　みっつの みねが ある やまの かたちを えがいた じ。

③ □に「山」を かきましょう。

□（やま）。□（やま）のぼり。

ふじ□（さん）。□（さん）ちょう。（やまの てっぺん）

3 ① ゆびで なぞりましょう。

木

よみかた　ボク・モク　き・こ　4かく

② かきじゅんに きを つけて 「木」を かきましょう。

なりたち　木　みきと えだと ねっこの みっつで、はえて いる きを えがいた じ。

③ □に「木」を かきましょう。

□（き）。□（こ）かげ。（きの かげ）

□（こ）のは。大（たい）□（ぼく）。□（もく）よう日（び）。

4 ――の かんじの よみがなを かきましょう。（ひとつ 5てん）

① 川（　）の 水（みず）。

② 山（　）小（ご）やへ いく。

③ ふじ山（　）の え。

④ 木（　）を きる。

⑤ 木（　）かげで 休（やす）む。

⑥ にわの 大木（たい）。

⑦ 木（　）よう日（び）に なる。

5 □に かんじを かきましょう。（ひとつ 5てん）

① □（き）に のぼる。

② 森（もり）の 大（たい）□（ぼく）。

③ □（こ）かげに 入（はい）る。

④ □（かわ）に すむ さかな。

⑤ □（やま）小（ご）やに とまる。

⑥ 先（せん）しゅうの □（もく）よう日（び）。

⑦ ふじ□（さん）に のぼる。

2 日・月・火

★は、よみかきを まちがえやすい かんじです。

がつ　にち　なまえ

はじめ　じ　ふん　おわり　じ　ふん

とくてん　てん

（1～3は ぜんぶ かいて 20てん）

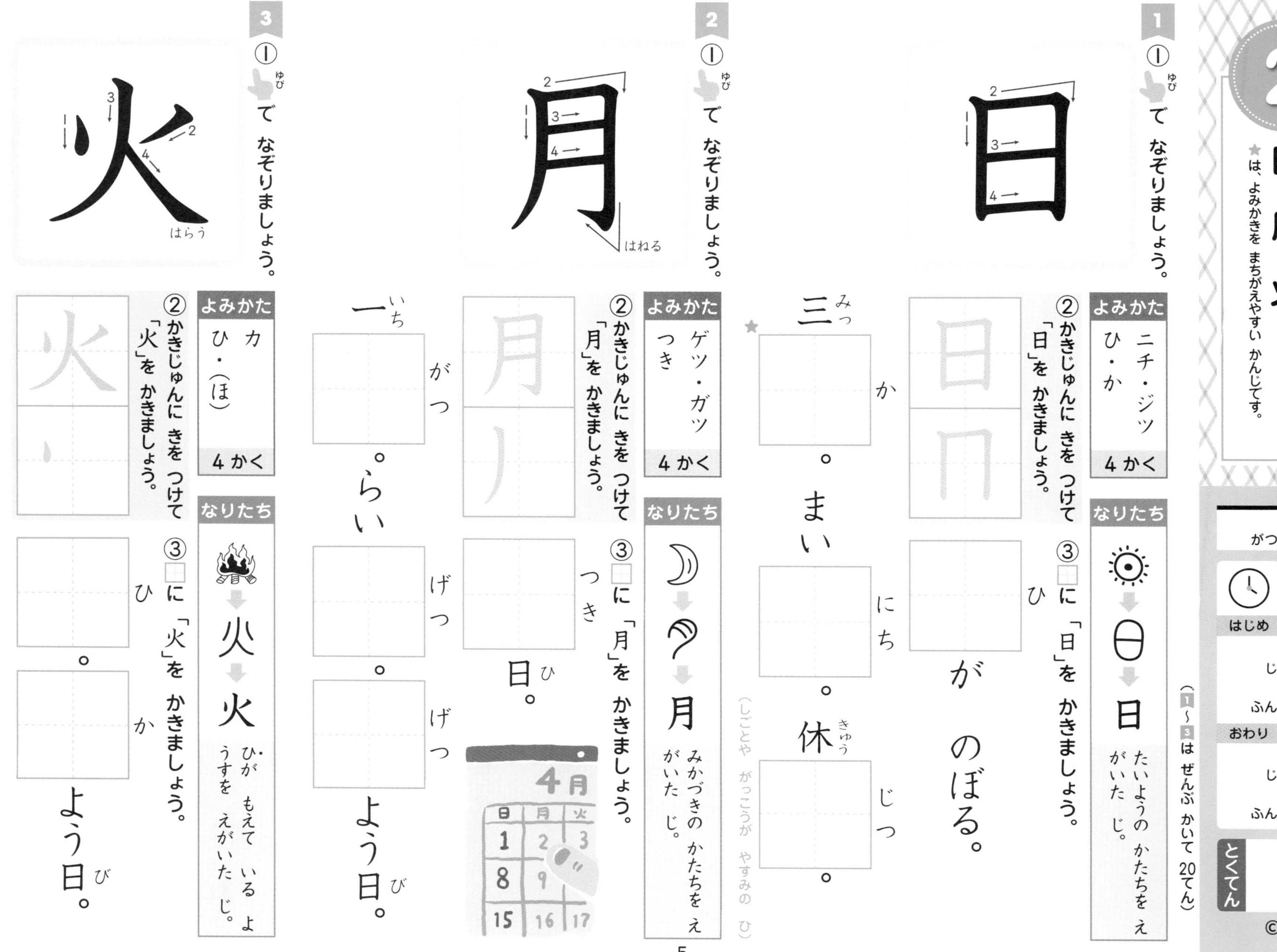

1

① ゆびで なぞりましょう。

日

よみかた
ニチ・ジツ
ひ・か
4かく

なりたち
たいようの かたちを えがいた じ。

② かきじゅんに きを つけて「日」を かきましょう。

③ □に「日」を かきましょう。

□(ひ)が のぼる。

★三(みっ)□(か)。

まい□(にち)。

休(きゅう)□(じつ)。

（しごとや がっこうが やすみの ひ）

2

① ゆびで なぞりましょう。

月（はねる）

よみかた
ゲツ・ガツ
つき
4かく

なりたち
みかづきの かたちを えがいた じ。

② かきじゅんに きを つけて「月」を かきましょう。

③ □に「月」を かきましょう。

□(つき)日(ひ)。

一(いち)□(がつ)。

らい□(げつ)。

□(げつ)よう日(び)。

3

① ゆびで なぞりましょう。

火（はらう）

よみかた
カ
ひ・(ほ)
4かく

なりたち
ひが もえて いる ようすを えがいた じ。

② かきじゅんに きを つけて「火」を かきましょう。

③ □に「火」を かきましょう。

□(ひ)。

□(か)よう日(び)。

©くもん出

4 ――の かんじの よみがなを かきましょう。（ひとつ 5てん）

① 一月（いちがつ）三（みっ）日。
② まい日（　）はなす。
③ 休（きゅう）日（　）に なる。
④ 月（　）日（　）が たつ。
⑤ 月（　）よう日（び）。
⑥ 六（ろく）月（　）生（う）まれ。
⑦ 火（　）が もえる。
⑧ 火（　）よう日（び）。

5 □に かんじを かきましょう。（ひとつ 5てん）

① □（ひ）が つく。
② 休□（きゅうじつ）を すごす。
③ □（か）よう日（び）の あさ。
④ 三□（みっか）が すぎる。
⑤ □□（つきひ）が ながれる。
⑥ まい□（にち）の 生（せい）かつ。
⑦ □（げつ）よう日（び）に なる。
⑧ 六□（ろくがつ）一日（ついたち）。

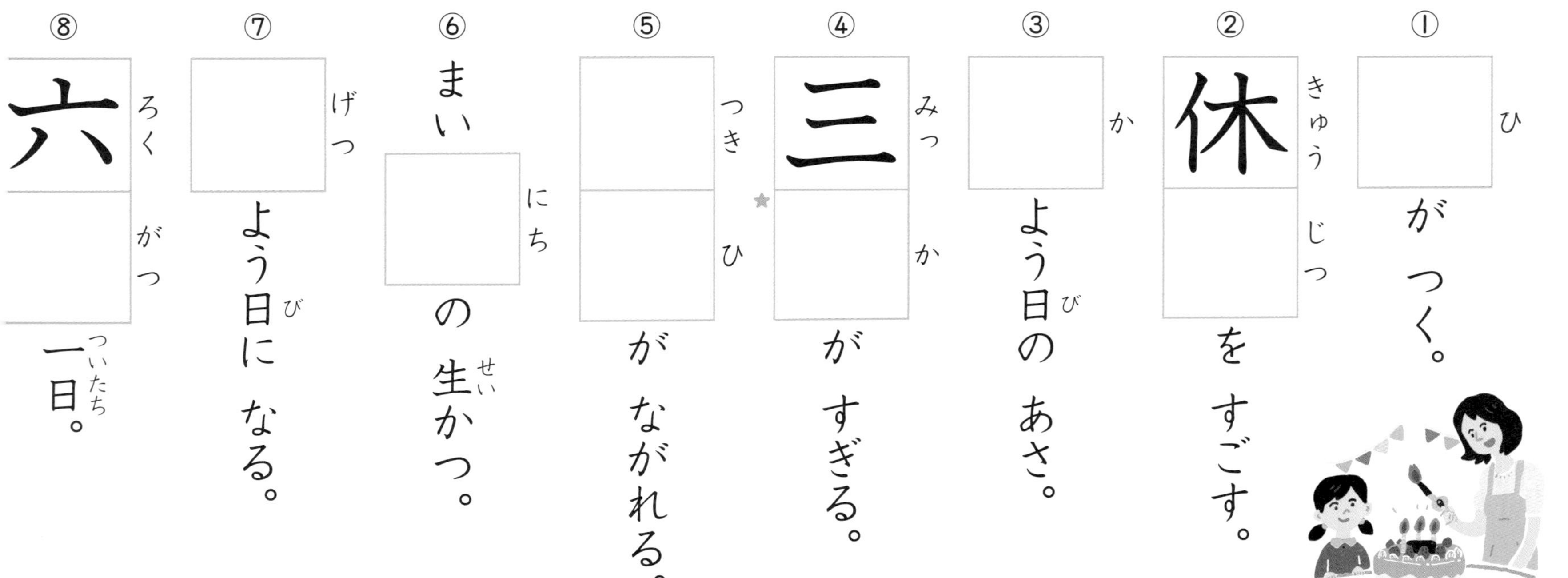

©くもん出版

3 かくにんドリル①

★は、よみかたを まちがえやすい かんじです。

がつ　にち　なまえ

はじめ　じ　ふん　おわり　じ　ふん

とくてん　てん

©くもん出…

1 ――の かんじの よみがなを かきましょう。（ひとつ 4てん）

①（　）川を 下(くだ)る。

②（　）木に のぼる。

③（　）月よう日(び)の あさ。

④（　）休日(きゅう)の よてい。

⑤（　）木かげで すずむ。

⑥（　）六(ろく)月の 雨(あめ)。

⑦（　）三(みっ)日★が たつ。

⑧（　）大(たい)木を きる。

2 ――の かんじの よみがなを かきましょう。（ひとつ 4てん）

①（　）ろうそくの 火。
　（　）火よう日(び)。

②（　）ふじ山の ゆき。
　（　）山小(ご)や。

3 □に かんじを かきましょう。

（ひとつ　4てん）

① □（ひ）を　つける。

② □（もく）よう日（び）の　よる。

③ □（かわ）に　ながす。

④ まい□（にち）　はしる。

⑤ □（げつ）よう日（び）。

⑥ ふじ□（さん）が　見（み）える。

⑦ 三月三（さんがつみっ）□（か）。

⑧ □（やま）小（ご）やで　休（やす）む。

⑨ □（こ）かげ。

⑩ 休（きゅう）□（じつ）の　すごしかた。

⑪ □（か）よう日（び）。

⑫ にわの　大（たい）□（ぼく）。

⑬ □（つき）□（ひ）が　たつ。

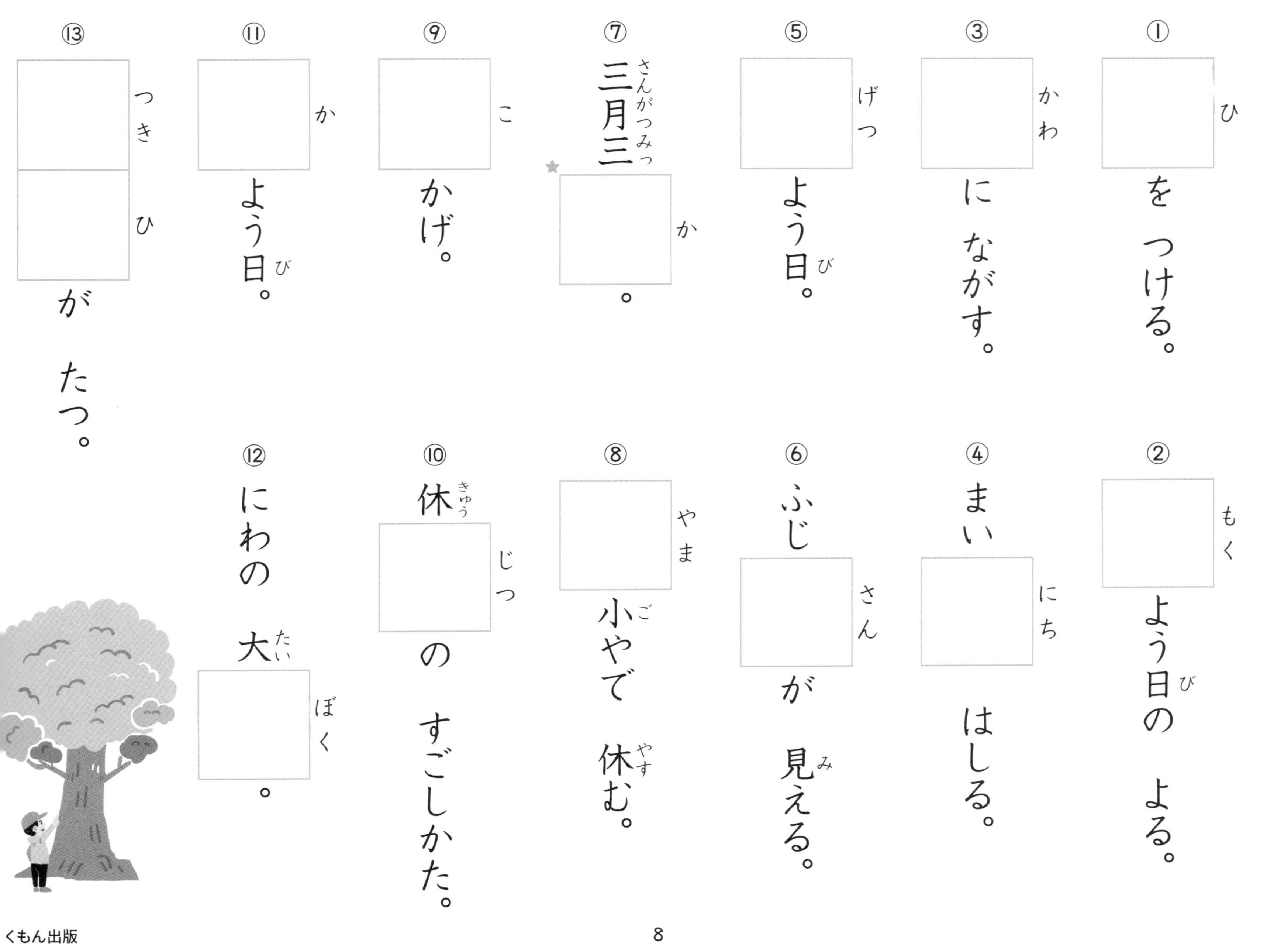

くもん出版

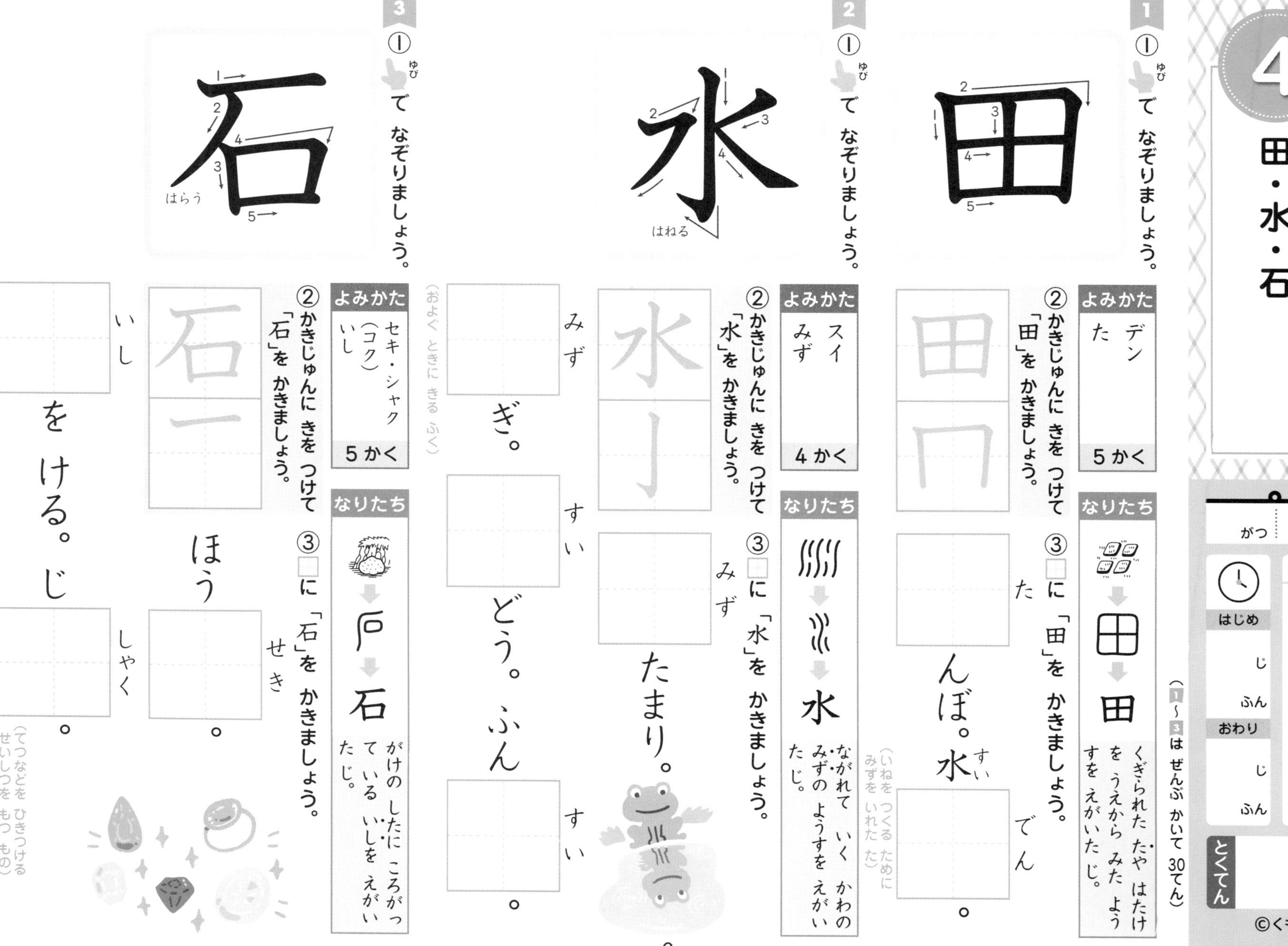

4 田・水・石

がつ　にち
なまえ
はじめ　じ　ふん
おわり　じ　ふん
とくてん　てん

（1～3は ぜんぶ かいて 30てん）

1

① ゆびで なぞりましょう。

田

よみかた：デン　た　5かく

なりたち：くぎられた たや はたけを うえから みた ようすを えがいた じ。

② かきじゅんに きを つけて「田」を かきましょう。

③ □に「田」を かきましょう。

（た）んぼ。水（すい）（でん）。

（いねを つくる ために みずを いれた た）

2

① ゆびで なぞりましょう。

水

よみかた：スイ　みず　4かく

なりたち：ながれて いく かわの みずの ようすを えがいた じ。

② かきじゅんに きを つけて「水」を かきましょう。

③ □に「水」を かきましょう。

（みず）たまり。

（みず）ぎ。（すい）どう。ふん（すい）。

（およぐ ときに きる ふく）

3

① ゆびで なぞりましょう。

石

よみかた：セキ・シャク　（コク）　いし　5かく

なりたち：がけの したに ころがって いる いしを えがいた じ。

② かきじゅんに きを つけて「石」を かきましょう。

③ □に「石」を かきましょう。

ほう（せき）。

（いし）を ける。じ（しゃく）。

（てつなどを ひきつける せいしつを もつ もの）

©くもん出

4 ――の かんじの よみがなを かきましょう。（ひとつ　5てん）

① 田（　）んぼの 中（なか）。

② 水田（　）の いね。

ちゅうい　ここでは「みずた」では ない よみかたを かく。

③ 水（　）ぎを きる。

④ 水（　）どう。

⑤ 大（おお）きな 石（　）。

⑥ 赤（あか）い ほう石（　）。

⑦ じ石（　）を もつ。

5 □に かんじを かきましょう。（ひとつ　5てん）

① ほう□（せき）が かがやく。

② じ□（しゃく）で あそぶ。

③ □（た）んぼを たがやす。

④ □（いし）を ひろう。

⑤ □□（すいでん）が ひろがる。

⑥ □（みず）ぎを かう。

⑦ □（すい）どうの みず。

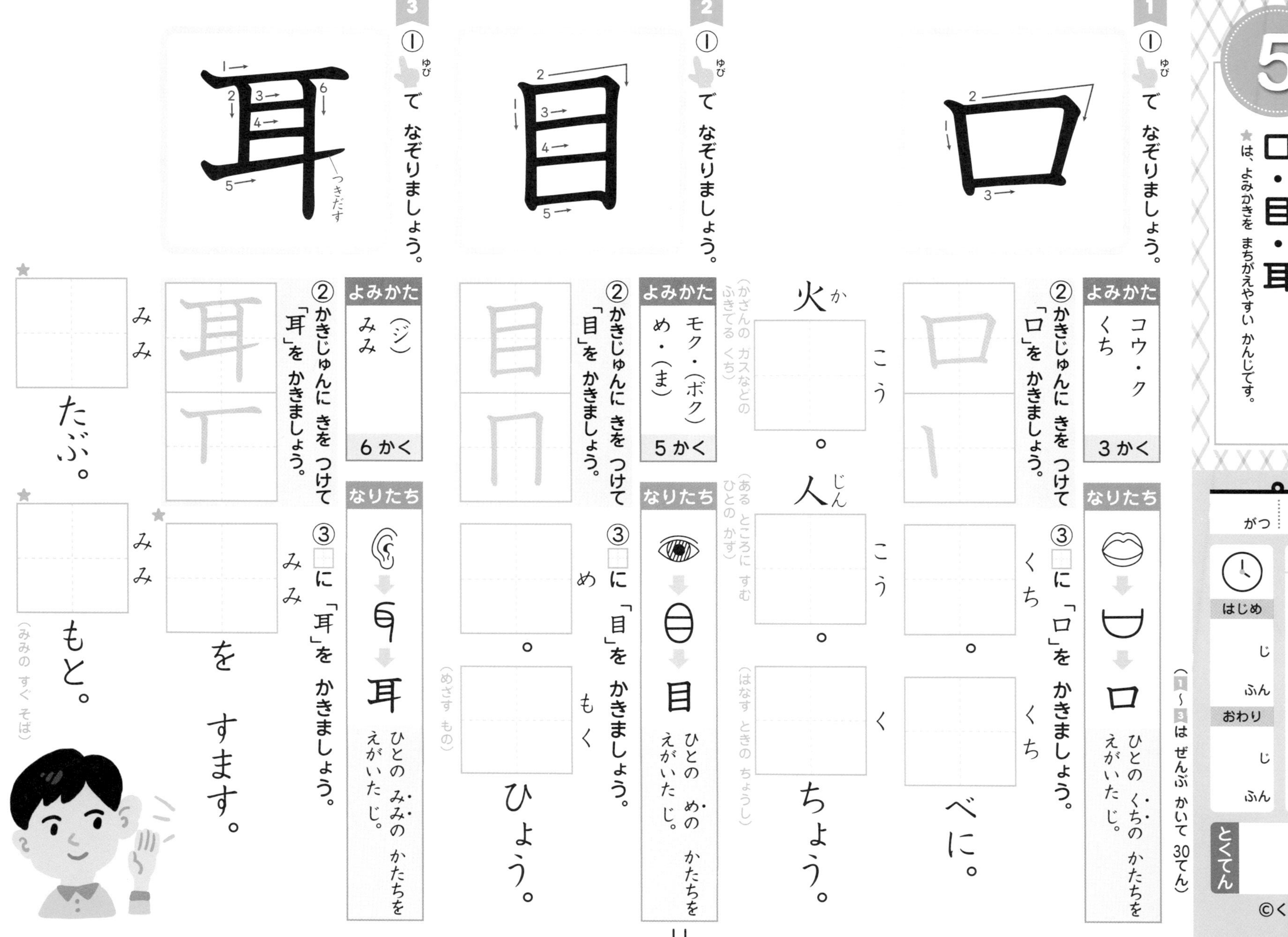

5 口・目・耳

★は、よみかきを まちがえやすい かんじです。

がつ　にち　なまえ

はじめ　じ　ふん　おわり　じ　ふん

とくてん　てん

（1～3は ぜんぶ かいて 30てん）

©くもん出

1

① ゆびで なぞりましょう。

口

よみかた：コウ・ク　くち　3かく

なりたち：口　ひとの くちの かたちを えがいた じ。

② かきじゅんに きを つけて 「口」を かきましょう。

③ □に 「口」を かきましょう。

（くち）べに。

（くち）。

火（か）（こう）。（かざんの ガスなどの ふきでる くち）

人（じん）（こう）。（ある ところに すむ ひとの かず）

（く）ちょう。（はなす ときの ちょうし）

2

① ゆびで なぞりましょう。

目

よみかた：モク・（ボク）　め・（ま）　5かく

なりたち：目　ひとの めの かたちを えがいた じ。

② かきじゅんに きを つけて 「目」を かきましょう。

③ □に 「目」を かきましょう。

（め）。

（もく）ひょう。（めざす もの）

3

① ゆびで なぞりましょう。

耳（つきだす）

よみかた：（ジ）　みみ　6かく

なりたち：耳　ひとの みみの かたちを えがいた じ。

② かきじゅんに きを つけて 「耳」を かきましょう。

③ □に 「耳」を かきましょう。

★（みみ）を すます。

★（みみ）たぶ。

★（みみ）もと。（みみの すぐ そば）

4 ――の かんじの よみがなを かきましょう。（ひとつ 5てん）

① 口 べにを かう。（　　）

② 町(まち)の 人口。（じん）（　　）

③ つよい 口 ちょう。（　　）

④ 目 じるしに なる。（　　）

⑤ 一年(いちねん)の 目 ひょう。（　　）

⑥ ぞうの 耳。（　　）

⑦ 耳 もとで はなす。（　　）

5 □に かんじを かきましょう。（ひとつ 5てん）

① □(みみ) で 音(おと)を きく。

② □(もく) ひょうを 立(た)てる。

③ 赤(あか)い □(くち) べに。

④ □(みみ) もとで ささやく。

⑤ やさしい □(く) ちょう。

⑥ □(め) じるしを つける。

⑦ 村(むら)の 人(じん)□(こう)。

くもん出版

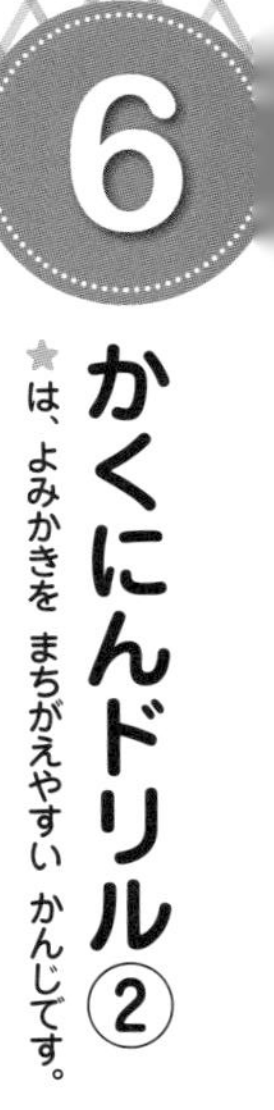

6 かくにんドリル②

★は、よみかきを まちがえやすい かんじです。

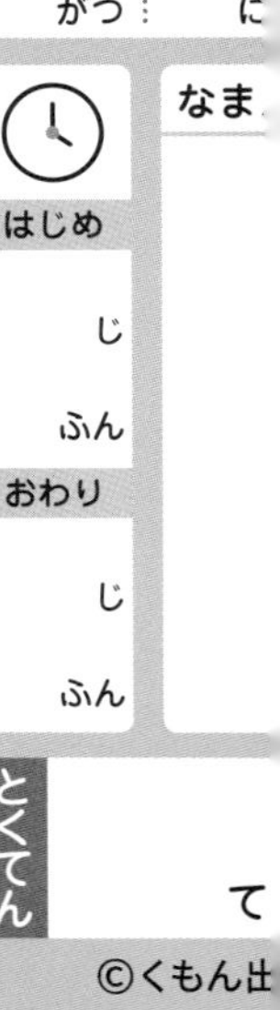

©くもん出

1 ——の かんじの よみがなを かきましょう。（ひとつ 4てん）

① じ石を かう。（　）

② ははの 口べに。（　）

③ ほう石。（　）

④ 目じるしの 木(き)。（　）

⑤ 町(まち)の 人(じん)口。（　）

⑥ ★耳もとで はなす。（　）

⑦ あねの 目ひょう。（　）

⑧ やさしい 口ちょう。（　）

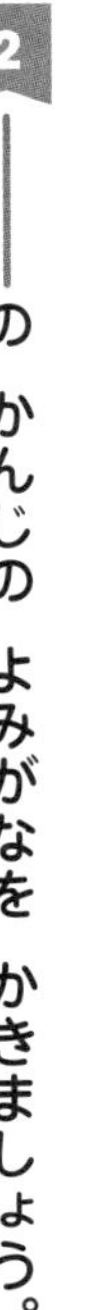

2 ——の かんじの よみがなを かきましょう。（ひとつ 4てん）

①
- 水ぎを きる。（　）
- 水どう。（　）

②
- 水田に いく。（　）
- 田んぼ。（　）

ちゅうい ここでは「みずた」では ない よみかたを かく。

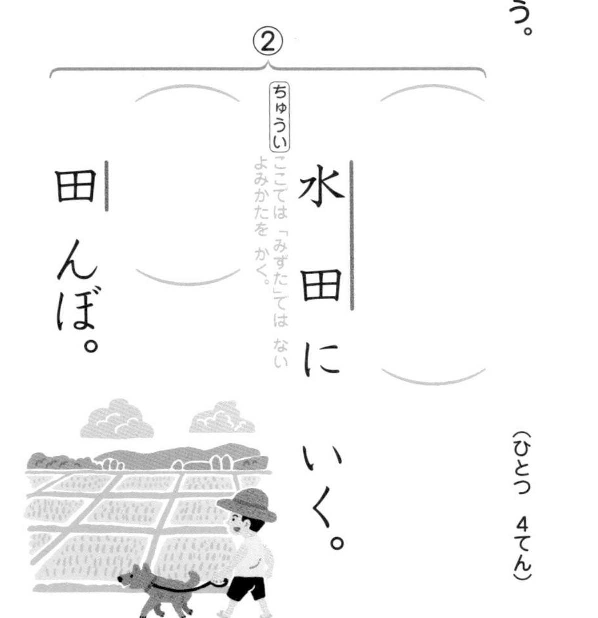

3 □に かんじを かきましょう。

（ひとつ　4てん）

① うさぎの □（みみ）。

② いえの □（すい）どう。

③ □（もく）ひょう。

④ 小（ちい）さな □（いし）。

⑤ □（た）んぼに 入（はい）る。

⑥ じ □（しゃく）に くっつく。

⑦ □（め）じるし。

⑧ つよい □（く）ちょう。

⑨ 赤（あか）い □（みず）ぎ。

⑩ ひかる ほう □（せき）。

⑪ 町（まち）の 人（じん）□（こう）。

⑫ □（すい）□（でん）の いね。

⑬ □（くち）ぶえを ふく。

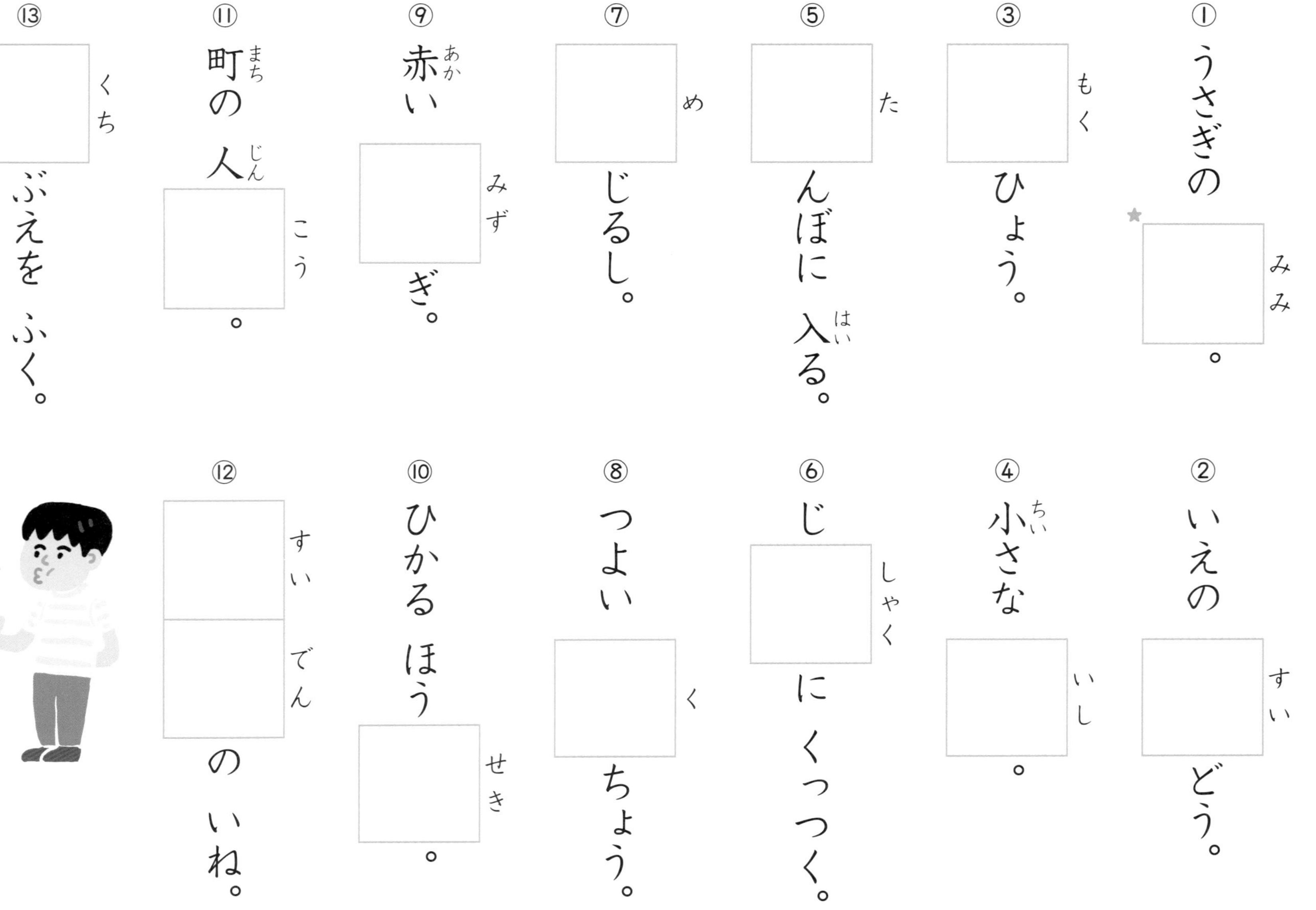

くもん出版

7 一・二・三

★は、よみかきを まちがえやすい かんじです。

がつ　にち

なまえ

はじめ　じ　ふん

おわり　じ　ふん

とくてん　てん

（1～3は ぜんぶ かいて 30てん）

©くもん出

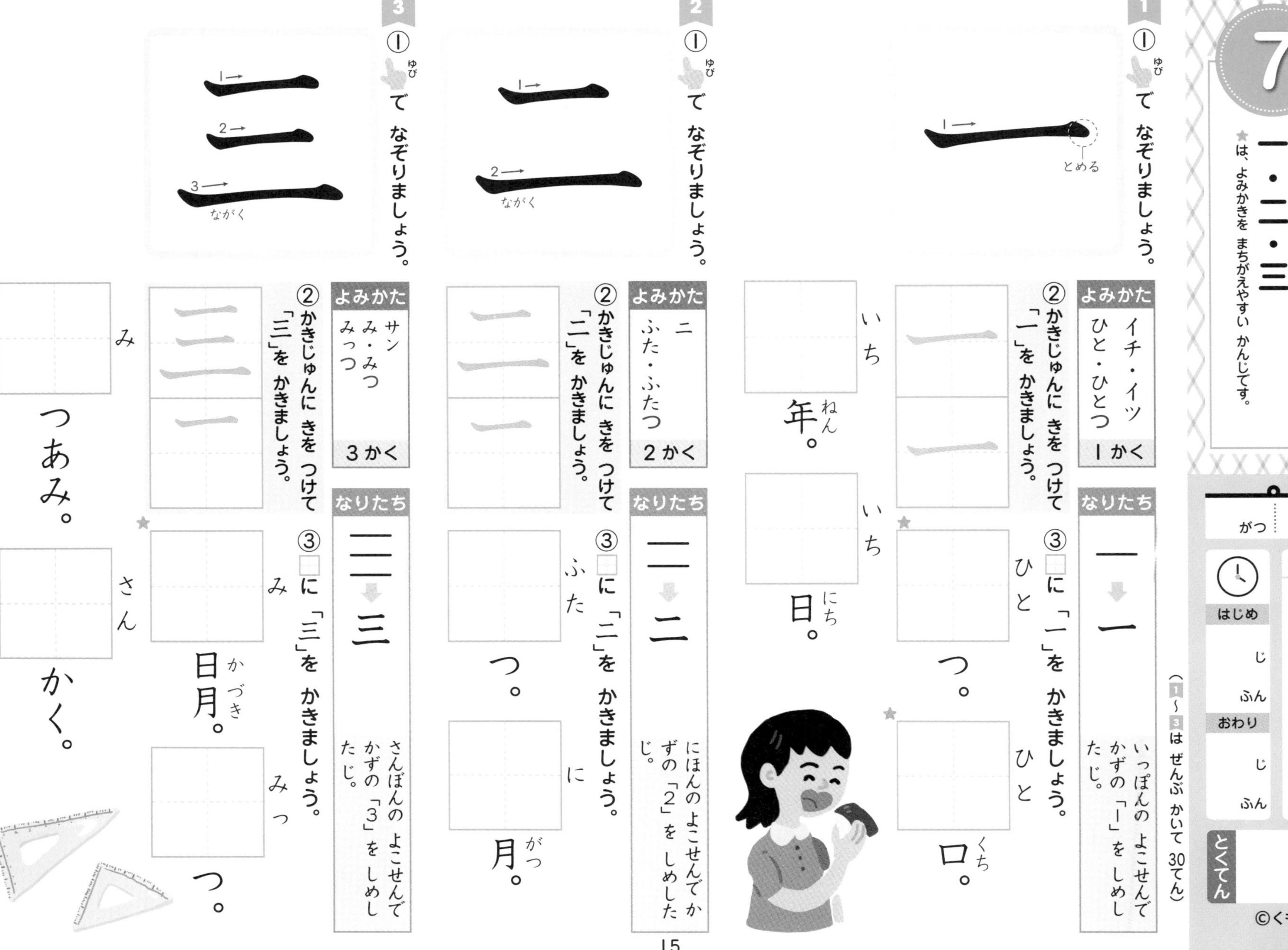

1

① ゆびで なぞりましょう。

一（とめる）

よみかた　イチ・イツ　ひと・ひとつ　1かく

なりたち　いっぽんの よこせんで かずの「1」を しめした じ。

② かきじゅんに きを つけて「一」を かきましょう。

③ □に「一」を かきましょう。

★ □（ひと）つ。

★ □（ひと）口（くち）。

□（いち）年（ねん）。

□（いち）日（にち）。

2

① ゆびで なぞりましょう。

二（ながく）

よみかた　ニ　ふた・ふたつ　2かく

なりたち　にほんの よこせんで かずの「2」を しめした じ。

② かきじゅんに きを つけて「二」を かきましょう。

③ □に「二」を かきましょう。

□（ふた）つ。

□（に）月（がつ）。

3

① ゆびで なぞりましょう。

三（ながく）

よみかた　サン　み・みつ　みっつ　3かく

なりたち　さんぼんの よこせんで かずの「3」を しめした じ。

② かきじゅんに きを つけて「三」を かきましょう。

③ □に「三」を かきましょう。

★ □（み）日月（かづき）。

□（みっ）つ。

□（み）つあみ。

□（さん）かく。

4 ――の かんじの よみがなを かきましょう。（ひとつ 5てん）

① 一つの りんご。（　）

② 一年が たつ。（ねん）

③ 二つの みかん。（　）

④ 二月に なる。（　）

⑤ 三日月。（　）

⑥ 三つに なる。（　）

⑦ 三かくじょうぎ。（　）

5 □に かんじを、（　）に ひらがなを かきましょう。（ひとつ 5てん）

① □月（に がつ）の ゆき。

② □日月（み か づき）。

③ □（さん）かくの おにぎり。

④ □（つ）（みっ つ）の あめ玉（だま）。

⑤ □年（いち ねん）が すぎる。

⑥ □（つ）（ふた つ） ある。

⑦ □（つ）（ひと つ） のこる。

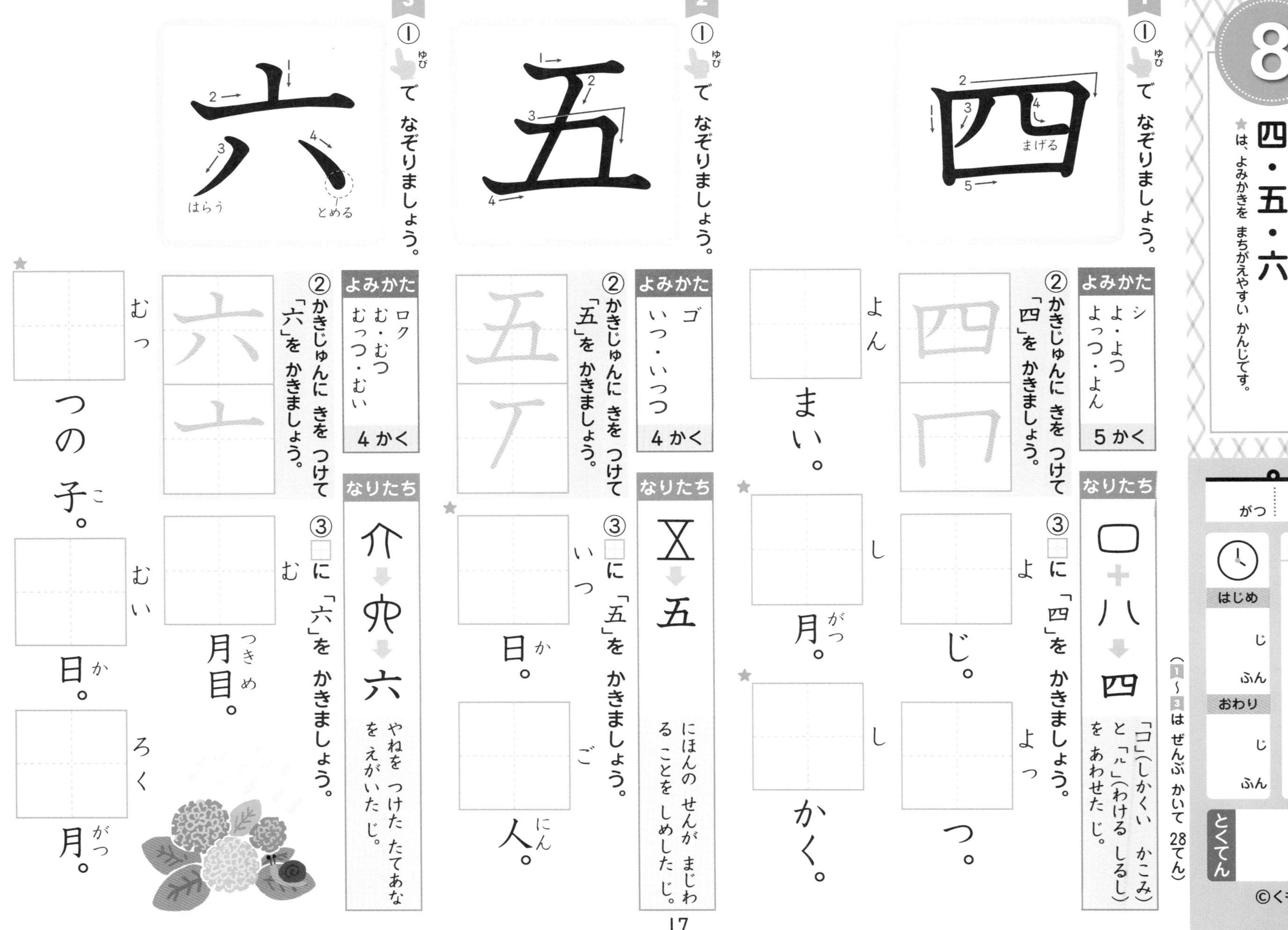

8 四・五・六

★は、よみかきを まちがえやすい かんじです。

がつ　にち　なまえ

はじめ　じ　ふん　おわり　じ　ふん

とくてん　てん

（1～3は ぜんぶ かいて 28てん）

1

① ゆびで なぞりましょう。

四（まげる）

よみかた：シ／よ・よっ／よっつ・よん　5かく

なりたち：口＋八→四　「口」（しかくい かこみ）と「八」（わける しるし）を あわせた じ。

② かきじゅんに きを つけて 「四」を かきましょう。

③ □に「四」を かきましょう。

□（よっ）つ。

□（よ）じ。

★□（し）月（がつ）。

★□（し）かく。

□（よん）まい。

2

① ゆびで なぞりましょう。

五

よみかた：ゴ／いつ・いつつ　4かく

なりたち：X→五　にほんの せんが まじわる ことを しめした じ。

② かきじゅんに きを つけて 「五」を かきましょう。

③ □に「五」を かきましょう。

★□（いつ）日（か）。

□（ご）人（にん）。

3

① ゆびで なぞりましょう。

六（はらう・とめる）

よみかた：ロク／む・むつ／むっつ・むい　4かく

なりたち：介→宂→六　やねを つけた たてあなを えがいた じ。

② かきじゅんに きを つけて 「六」を かきましょう。

③ □に「六」を かきましょう。

□（む）月目（つきめ）。

★□（むっ）つの 子（こ）。

□（むい）日（か）。

□（ろく）月（がつ）。

©くもん

4 ——の かんじの よみがなを かきましょう。（ひとつ 4てん）

① 四じに なる。（　　）

② 四つに わける。（　　）

③ 四まいの かみ。（　　）

④ 五日が たつ。（　　）

⑤ 四、五人 くる。（　　）（にん）

⑥ 六つの りんご。（　　）

⑦ 六月目（つきめ）。（　　）

⑧ 六月六日。（　　）

5 □に かんじを、（　）に ひらがなを かきましょう。（ひとつ 4てん）

① □（む）月目（つきめ）に なる。

② 五月 □（いつ）日（か）。

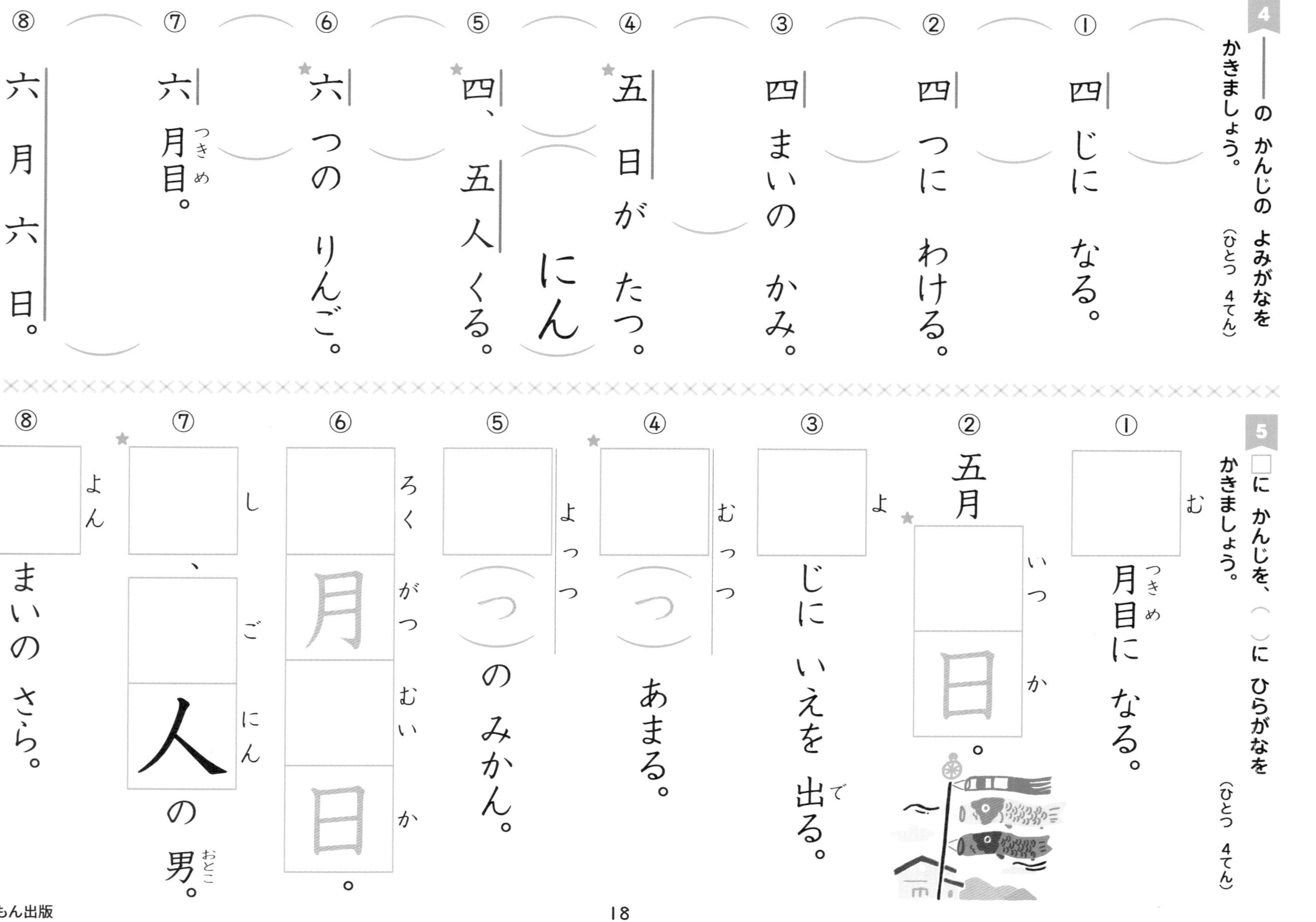

③ □（よ）じに いえを 出（で）る。

④ □（むっ）（つ） あまる。

⑤ □（よっ）（つ）の みかん。

⑥ □（ろく）月（がつ）□（むい）日（か）。

⑦ □（し）、□（ご）人（にん）の 男（おとこ）。

⑧ □（よん）まいの さら。

もん出版

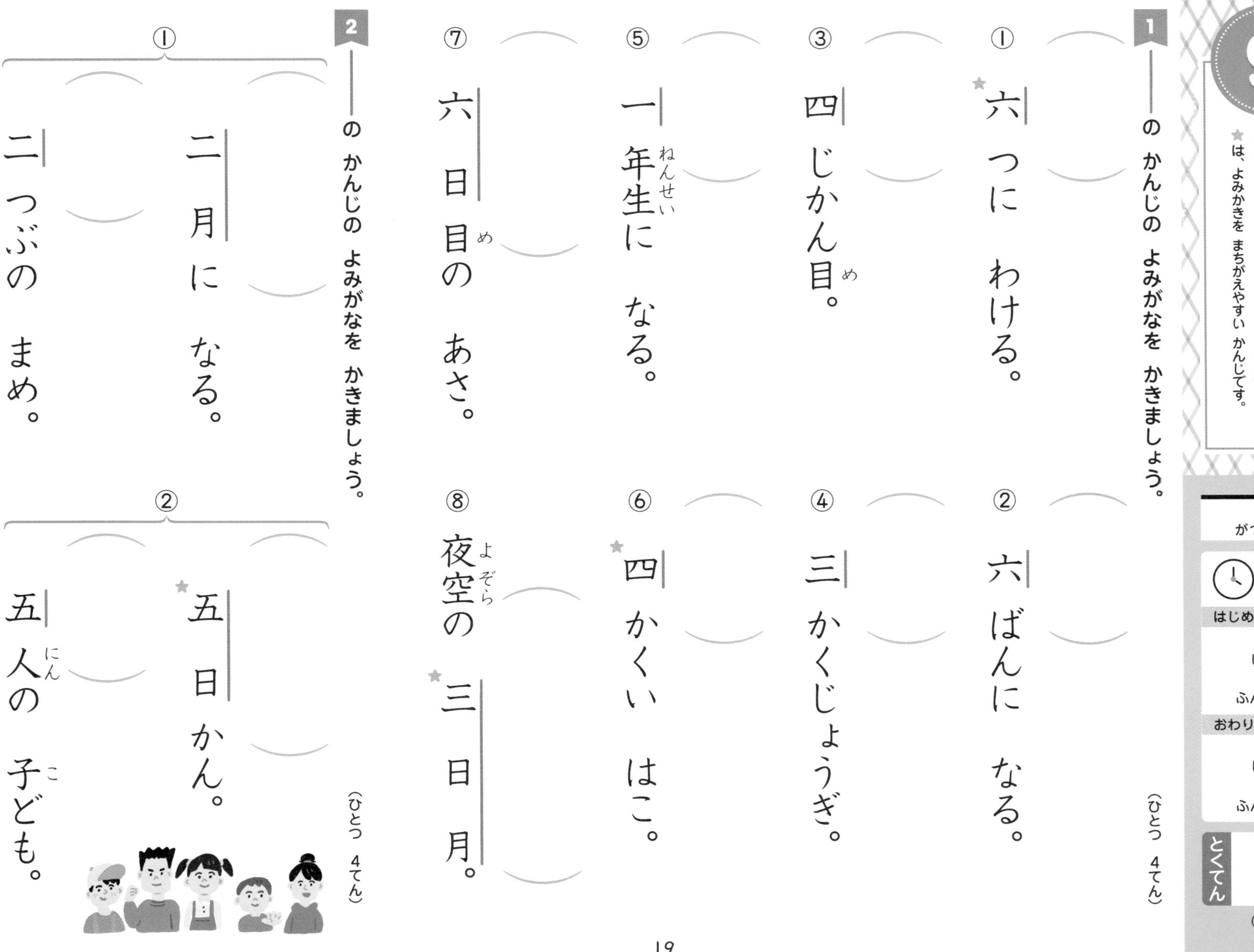

9 かくにんドリル③

★は、よみかたを まちがえやすい かんじです。

がつ　にち　なまえ

はじめ　じ　ふん　おわり　じ　ふん

とくてん　てん

©くもん出版

1 ——の かんじの よみがなを かきましょう。（ひとつ　4てん）

① 六つに わける。（　　）

② 六ばんに なる。（　　）

③ 四じかん目。（　　）

④ 三かくじょうぎ。（　　）

⑤ 一年生に なる。（　　）

⑥ 四かくい はこ。（　　）

⑦ 六日目の あさ。（　　）

⑧ 夜空の 三日月。（　　）

2 ——の かんじの よみがなを かきましょう。（ひとつ　4てん）

① 二月に なる。（　　）
　 二つぶの まめ。（　　）

② 五日かん。（　　）
　 五人の 子ども。（　　）

3 □に かんじを かきましょう。（ひとつ　4てん）

① □（よん）まいの かみ。

② ★ □（ひと）口（くち）で たべる。

③ □（む）月目（つきめ）に なる。

④ ★ □□□（みかづき）。

⑤ □（ろく）年生（ねんせい）の あに。

⑥ ★ □□（いつか）目（め）の あさ。

⑦ □（み）つあみ。

⑧ □（よ）人（にん）が あつまる。

⑨ ながい □（いち）日（にち）。

⑩ □（ご）月（がつ）に なる。

4 ——の ことばを かんじと ひらがなで かきましょう。（ひとつ　4てん）

① ★ ひとつの たね。

② みっつの だんご。

③ ★ むっつの たまご。

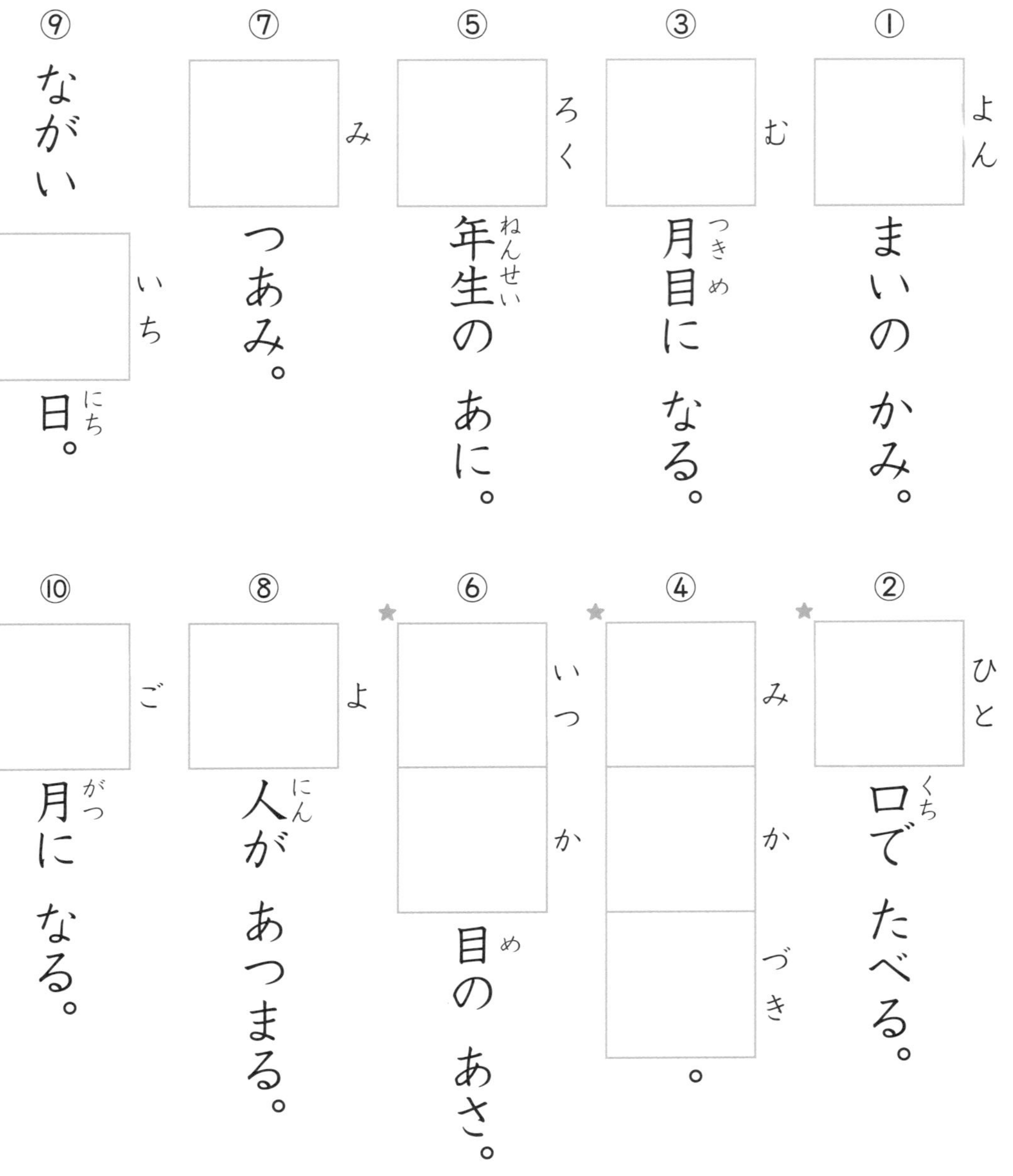

くもん出版

10 七・八・百

★は、よみかきを まちがえやすい かんじです。

がつ　にち　なまえ

はじめ　じ　ふん　おわり　じ　ふん

とくてん　てん

（1〜3は ぜんぶ かいて 30てん）

1

① ゆびで なぞりましょう。

七（まげる・とめる）

よみかた：シチ　なな・ななつ　なの　2かく

なりたち：きの えだを とちゅうで きった かたちを えがいた じ。

② かきじゅんに きを つけて 「七」を かきましょう。

③ □に 「七」を かきましょう。

（なな）いろ。

（なの）日（か）。

（しち）月（がつ）。

（しち）五三（ごさん）。

2

① ゆびで なぞりましょう。

八（あける）

よみかた：ハチ　や・やつ　やっつ・よう　2かく

なりたち：さゆうに わかれる ようすを えがいた じ。

② かきじゅんに きを つけて 「八」を かきましょう。

③ □に 「八」を かきましょう。

（や）えざくら。（はなびらが たくさん かさなって さく さくら）

（やっ）つ。

（よう）日（か）。

（はち）まい。

3

① ゆびで なぞりましょう。

百（はらう）

よみかた：ヒャク　—　6かく

なりたち：「一」（いち）と、もともと ひゃくの いみが ある 「白」を あわせた じ。

② かきじゅんに きを つけて 「百」を かきましょう。

③ □に 「百」を かきましょう。

★（ひゃく）円（えん）。

★（ひゃく）年（ねん）。

©くもん出

4 ――の かんじの よみがなを かきましょう。（ひとつ 5てん）

① 七（　　）いろの にじ。

② 七月七日（　　）。

③ 八（　　）えざくら。

④ ★ 八（　　）つに わける。

⑤ 一月（いちがつ）八日（　　）。

⑥ 八（　　）まいの え。

⑦ ★ 百（　　）年（ねん）が たつ。

---

5 □に かんじを かきましょう。（ひとつ 5てん）

① ★ □（やっ）つの おにぎり。

② □（よう）日（か）が すぎる。

③ □（なな）いろの にじ。

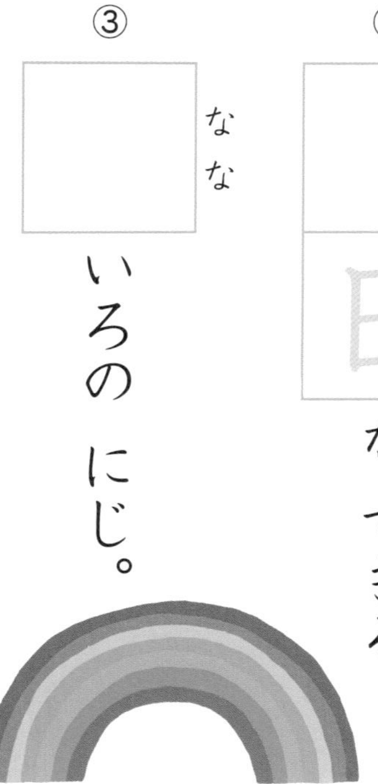

④ ★ □（ひゃく）年（ねん）まえの こと。

⑤ □（しち）月（がつ）□（なの）日（か）。

⑥ □（や）えざくらが さく。

⑦ □（はち）まいの さら。

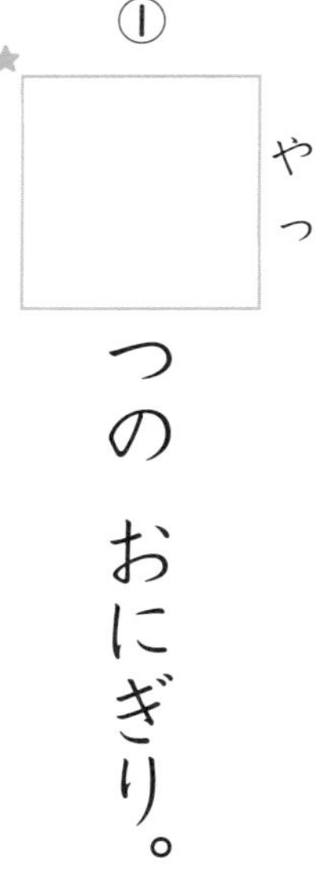

©くもん出版

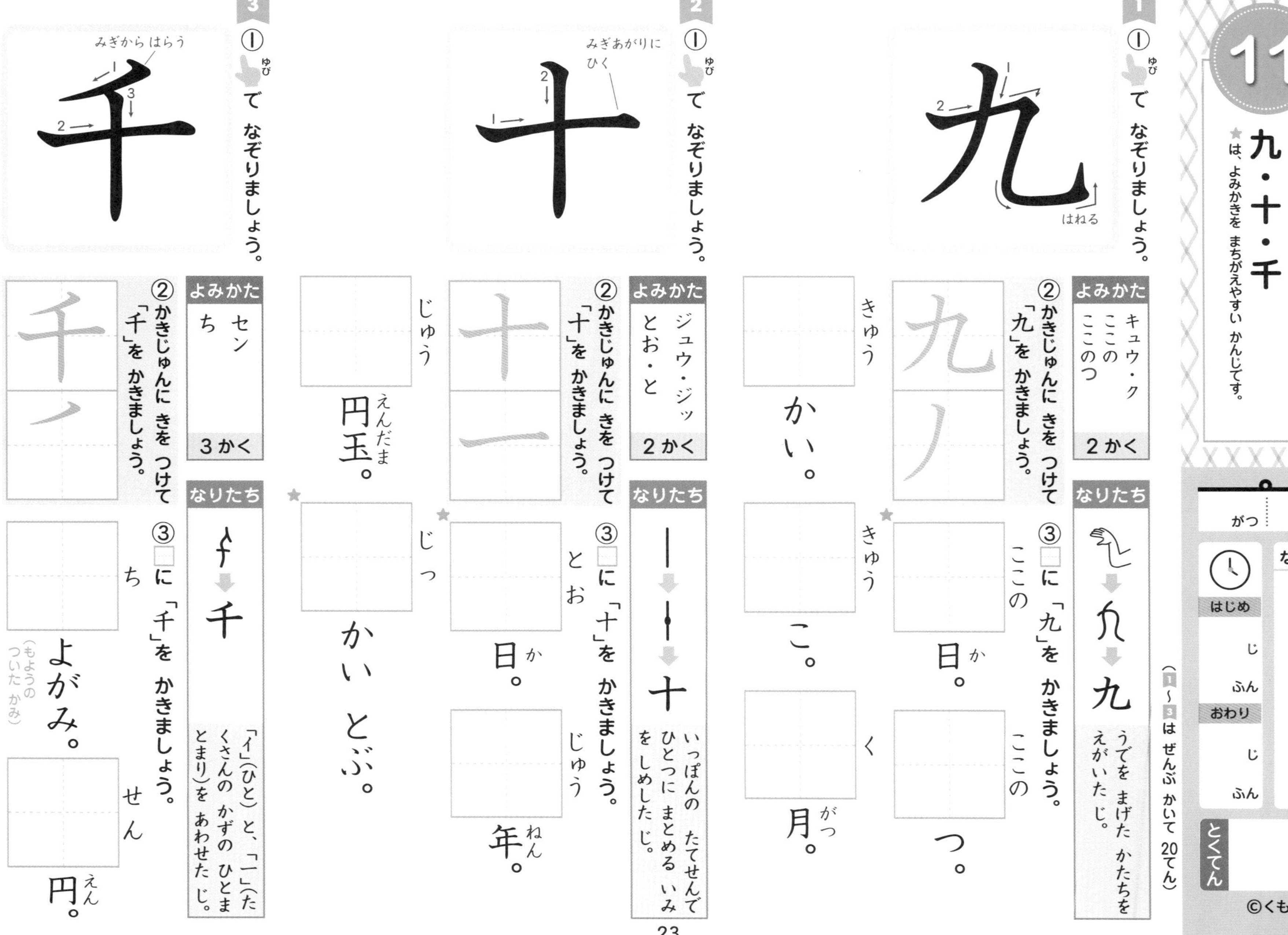

11 九・十・千

★は、よみかきを まちがえやすい かんじです。

がつ にち
なまえ
はじめ じ ふん
おわり じ ふん
（1〜3は ぜんぶ かいて 20てん）
とくてん てん

1

① ゆびで なぞりましょう。

九（はねる）

よみかた：キュウ・ク／ここの／ここのつ　2かく

② かきじゅんに きを つけて 「九」を かきましょう。

なりたち：九
うでを まげた かたちを えがいた じ。

③ □に 「九」を かきましょう。

ここの 日（か）。
ここの つ。
★きゅう かい。
きゅう こ。
く 月（がつ）。

2

① ゆびで なぞりましょう。

十（みぎあがりに ひく）

よみかた：ジュウ・ジッ／とお・と　2かく

② かきじゅんに きを つけて 「十」を かきましょう。

なりたち：十
いっぽんの たてせんで ひとつに まとめる いみ を しめした じ。

③ □に 「十」を かきましょう。

とお 日（か）。
じゅう 年（ねん）。
★じゅう 円玉（えんだま）。
★じっ かい とぶ。

3

① ゆびで なぞりましょう。

千（みぎから はらう）

よみかた：セン／ち　3かく

② かきじゅんに きを つけて 「千」を かきましょう。

なりたち：千
「亻」（ひと）と、「一」（たくさんの かずの ひとまとまり）を あわせた じ。

③ □に 「千」を かきましょう。

ち よがみ。（もようの ついた かみ）
せん 円（えん）。

©くもん出版

4 ＿の かんじの よみがなを かきましょう。（ひとつ　5てん）

① ★九日に なる。（　）
② 九この 玉[たま]。（　）
③ 九月生[う]まれ。（　）
④ ★十日まえ。（　）
⑤ ★十かい いう。（　）
⑥ 十円 もらう。（えん）
⑦ 千よがみ。（　）
⑧ 千円 さつ。（えん）

5 □に かんじを かきましょう。（ひとつ　5てん）

① ★□（とお）日（か）に なる。
② □（ち）よがみを おる。
③ ★□（ここの）日（か）の よてい。
④ □（じゅう）円[えん]の おつり。
⑤ □（く）月（がつ）の はじめ。
⑥ □（せん）円[えん]の かさ。
⑦ ★□（じっ）かい かぞえる。
⑧ □（きゅう）この けしごむ。

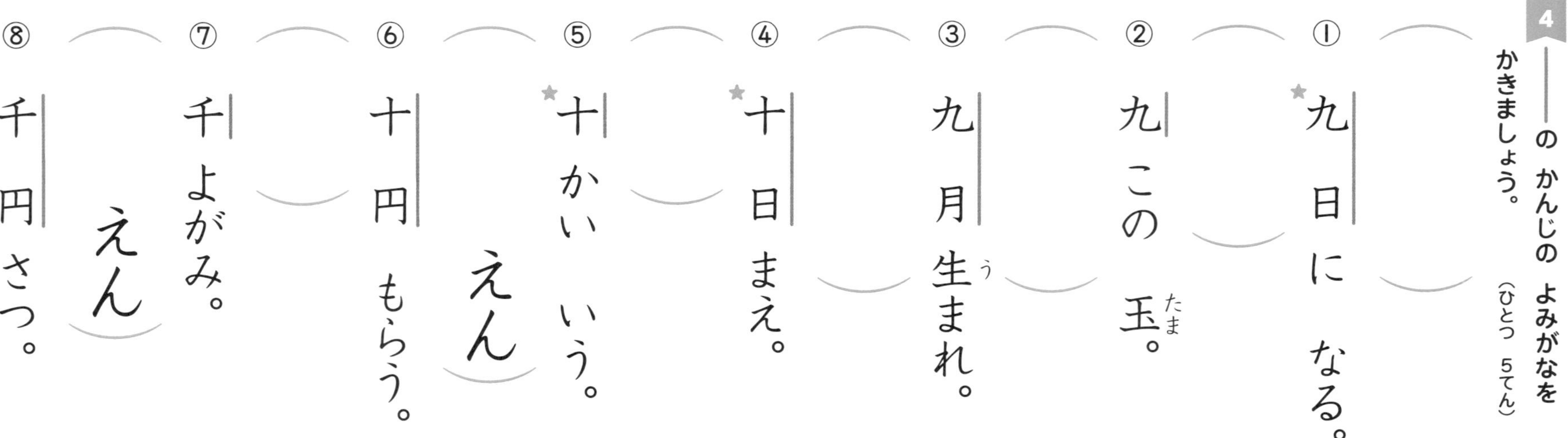

©くもん出版

12 かくにんドリル④

★は、よみかきを まちがえやすい かんじです。

がつ　にち　なまえ

はじめ　じ　ふん　おわり　じ　ふん

とくてん　てん

1 ――の かんじの よみがなを かきましょう。（ひとつ 4てん）

① ★十日かん。（　）

② ★八つの くり。（　）

③ 千よがみを おる。（　）

④ ★十さつの 本（ほん）。（　）

⑤ ★百年（ねん）の あいだ。（　）

⑥ 千円（えん）で かう。（　）

⑦ 九この あめ。（　）

⑧ 七日が たつ。（　）

2 ――の かんじの よみがなを かきましょう。（ひとつ 4てん）

①
- 七月の 空（そら）。（　）
- 七いろの にじ。（　）

②
- ★九日まえ。（　）
- 九月に なる。（　）

©くもん出

3 □に かんじを かきましょう。（ひとつ 4てん）

① □（じっ）かい とぶ。

② □□（ここのか）生（う）まれ。

③ □（ち）よがみ。

④ □□（ようか）の あさ。

⑤ □（せん）円（えん）を もらう。

⑥ □（はち）まいの かみ。

⑦ □（きゅう）この まめ。

⑧ □（じゅう）円（えん）を はらう。

⑨ □（ひゃく）年（ねん）まえ。

⑩ □□（くがつ）に なる。

⑪ □（やっ）つ ある。

⑫ □（や）えざくら。

⑬ □□（とおか）かん。

©くもん出版

13 大・中・小

がつ　に　なまえ

はじめ　じ　ふん
おわり　じ　ふん

とくてん　てん

（1〜3は ぜんぶ かいて 28てん）

1

① ゆびで なぞりましょう。

大（1 2 3 つける はらう）

よみかた
ダイ・タイ
おお・おおきい
おおいに
3かく

② かきじゅんに きを つけて 「大」を かきましょう。

なりたち
りょうてを ひろげて たって いる ひとの すがたを えがいた じ。

③ □に 「大」を かきましょう。

（おお）雨（あめ）。
（おお）きい。
（おお）いに。（ひじょうに）
（だい）すき。
（たい）せつ。

2

① ゆびで なぞりましょう。

中（1 2 3 4）

よみかた
チュウ
ジュウ
なか
4かく

② かきじゅんに きを つけて 「中」を かきましょう。

なりたち
はたざおを まるい わくの まんなかに つきとおした かたちを えがいた じ。

③ □に 「中」を かきましょう。

森（もり）の（なか）。
水（すい）（ちゅう）。

3

① ゆびで なぞりましょう。

小（1 2 3 はねる）

よみかた
ショウ
ちいさい
こ・お
3かく

② かきじゅんに きを つけて 「小」を かきましょう。

なりたち
ものを けずった とき、ちいさい かけらが できた ようすを えがいた じ。

③ □に 「小」を かきましょう。

（ちい）さい ねこ。
（こ）石（いし）。
（お）川（がわ）。
（しょう）学校（がっこう）。

©くもん出

4 ―― の かんじの よみがなを かきましょう。（ひとつ 4てん）

① 大きい 石（いし）。（　　）

② 大すきな 本（ほん）。（　　）

③ 大せつな もの。（　　）

④ 口（くち）の 中。（　　）（　　）

⑤ 水中めがね。（　　）（　　）

⑥ 小さい 虫（むし）。（　　）

⑦ 小川（がわ）の 小石（いし）。（　　）（　　）

⑧ 小学校。（　がっこう　）

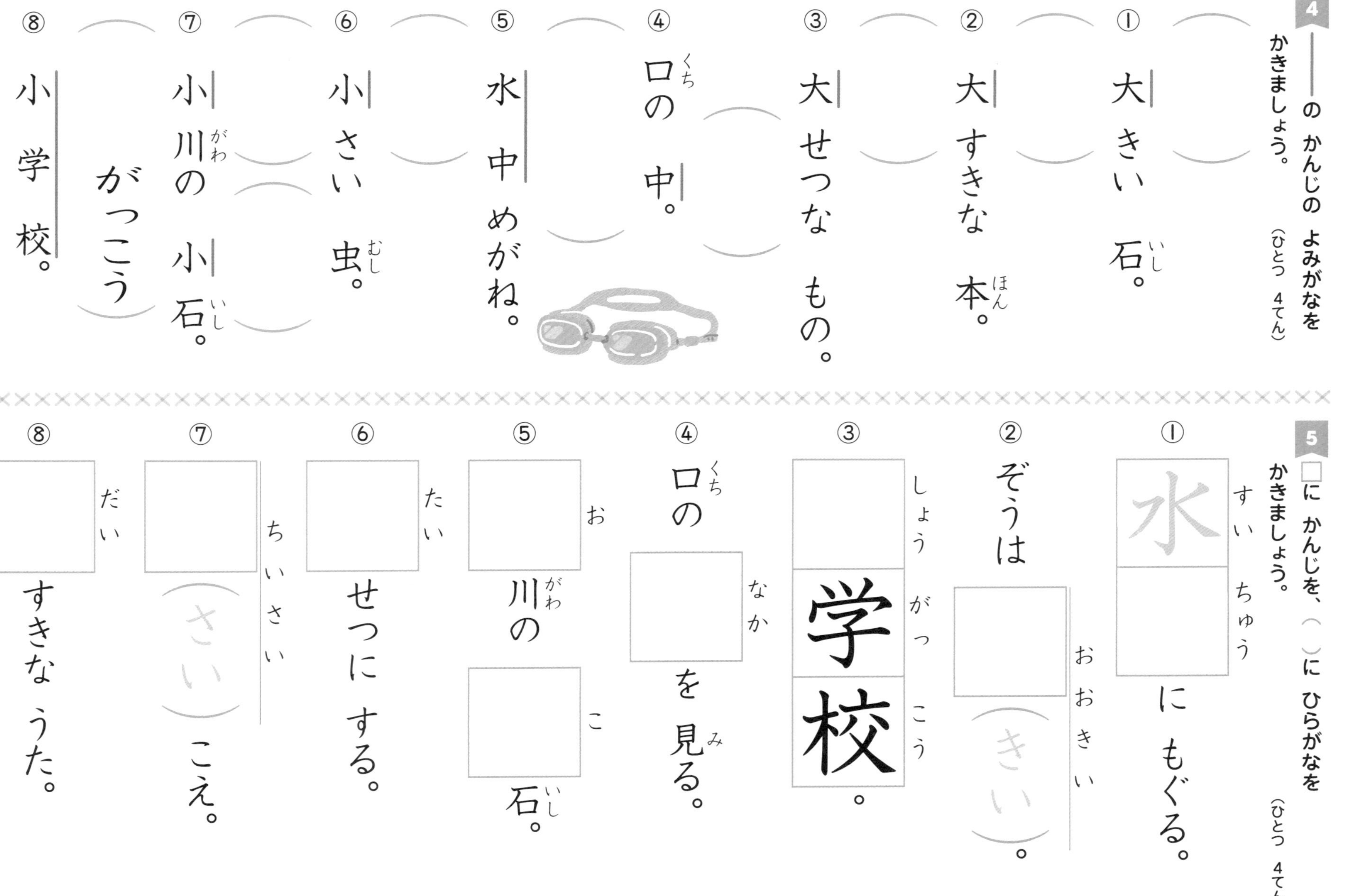

5 □に かんじを、（　）に ひらがなを かきましょう。（ひとつ 4てん）

① 水［すい］□［ちゅう］に もぐる。

② ぞうは □［おお］（きい）。

③ □［しょう］学［がっ］校［こう］。

④ 口（くち）の □［なか］を 見（み）る。

⑤ 川（がわ）の □［お］□［こ］石（いし）。

⑥ □［たい］せつに する。

⑦ □［ち］（さい）こえ。

⑧ □［だい］すきな うた。

14 上・下

がつ　にち　なまえ

はじめ　じ　ふん　おわり　じ　ふん

とくてん　てん

©くもん出版

（1・2は ぜんぶ かいて 28てん）

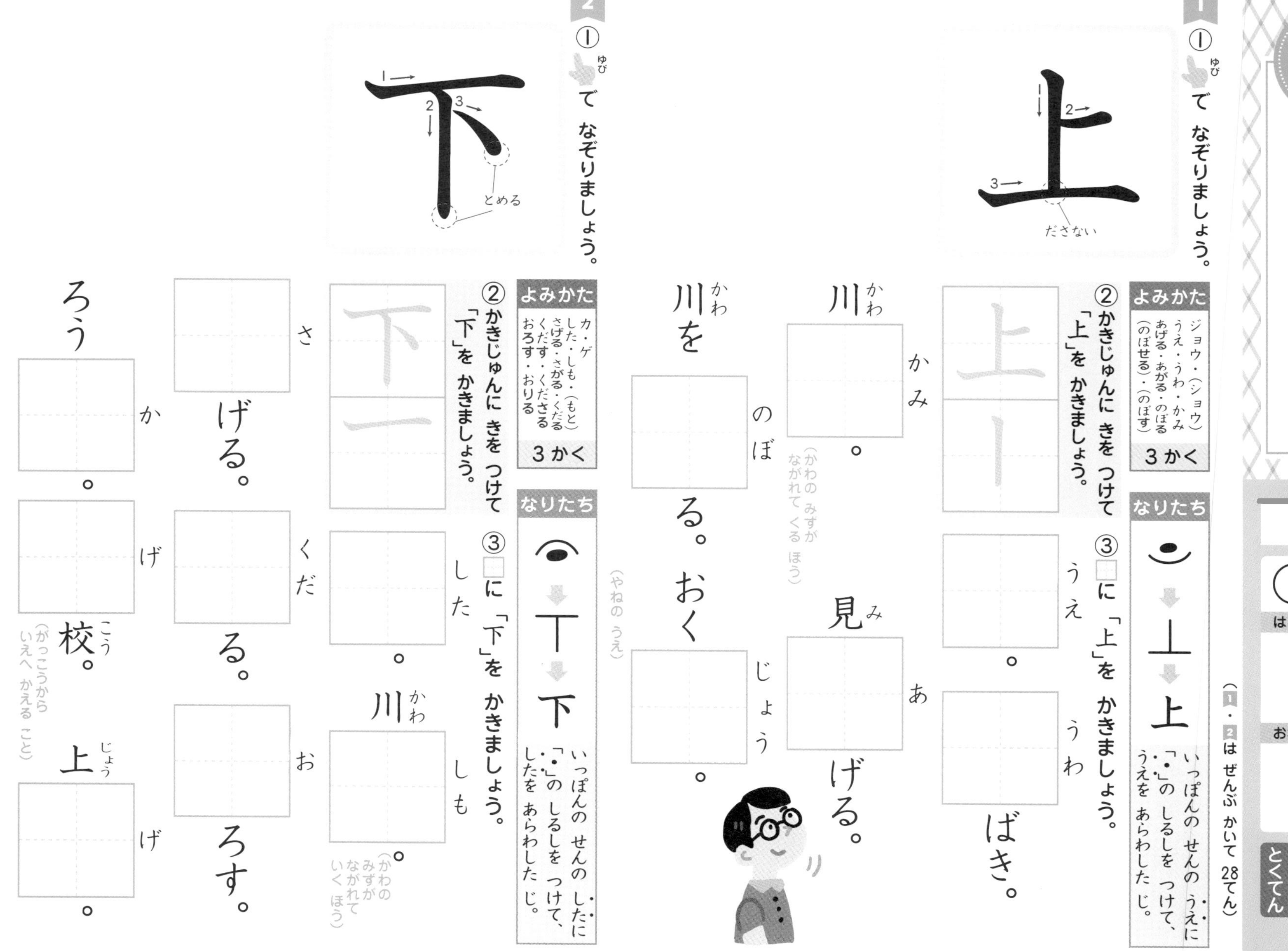

1 ①ゆびで なぞりましょう。

上（だささない）

よみかた ジョウ・（ショウ） うえ・うわ・かみ あげる・あがる・のぼる （のぼせる）・（のぼす） 3かく

なりたち いっぽんの せんの うえに 「・」の しるしを つけて、うえを あらわした じ。

②かきじゅんに きを つけて 「上」を かきましょう。

③□に 「上」を かきましょう。

□（うえ）。

□（うわ）ばき。

川□（かみ）。（かわの みずが ながれて くる ほう）

見□（あ）げる。

川を □（のぼ）る。

おく□（じょう）。（やねの うえ）

2 ①ゆびで なぞりましょう。

下（とめる）

よみかた カ・ゲ した・しも・（もと） さげる・さがる・くだる くだす・くださる おろす・おりる 3かく

なりたち いっぽんの せんの したに 「・」の しるしを つけて、したを あらわした じ。

②かきじゅんに きを つけて 「下」を かきましょう。

③□に 「下」を かきましょう。

□（した）。

川□（しも）。（かわの みずが ながれて いく ほう）

□（さ）げる。

□（くだ）る。

□（お）ろす。

ろう□（か）。

□（げ）校。（がっこうから いえへ かえる こと）

上□（げ）。

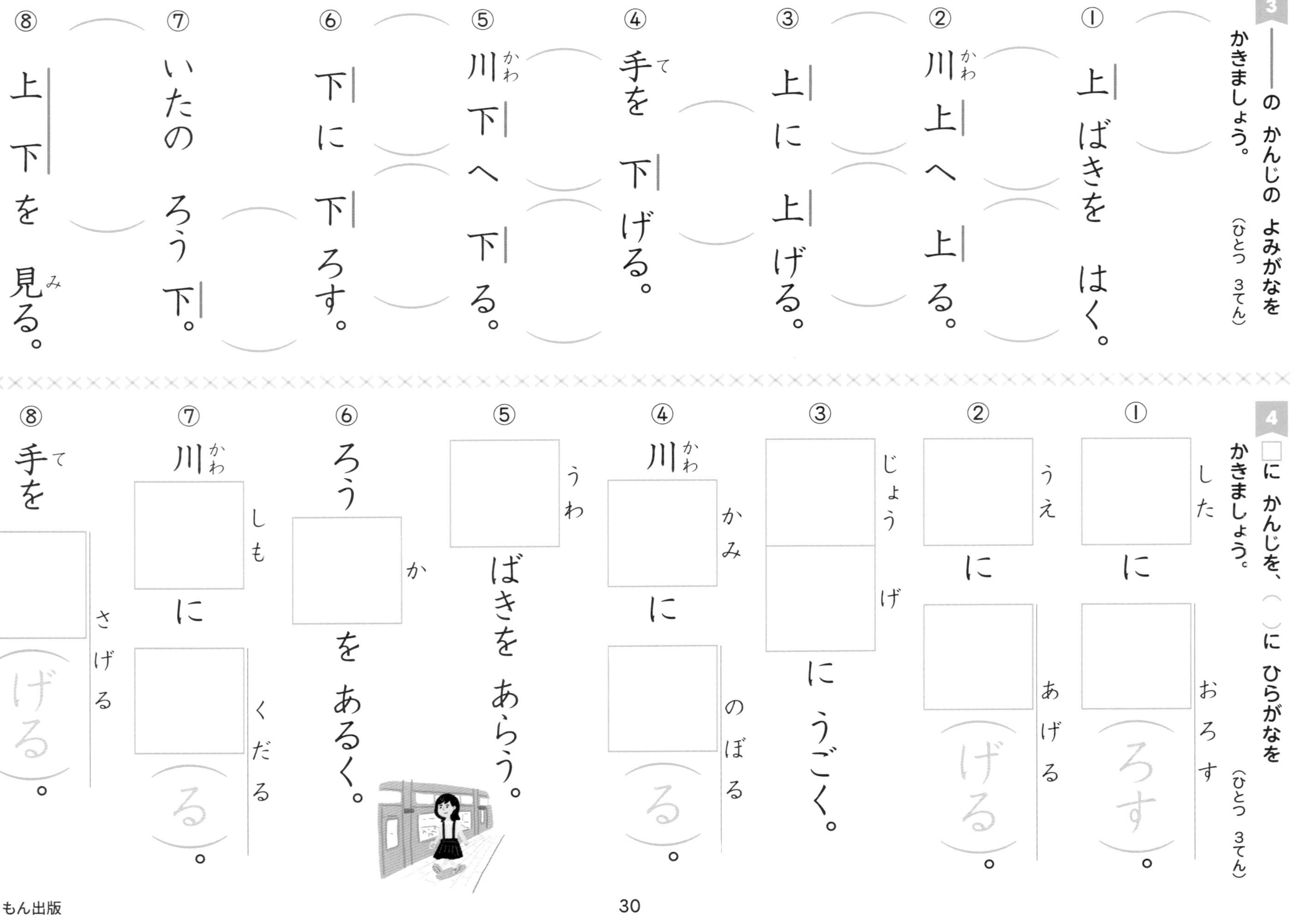

3 ――の かんじの よみがなを かきましょう。（ひとつ 3てん）

① 上（　）ばきを はく。

② 川（かわ）上（　）へ 上（　）る。

③ 上（　）に 上（　）げる。

④ 手（て）を 下（　）げる。

⑤ 川（かわ）下（　）へ 下（　）る。

⑥ 下（　）に 下（　）ろす。

⑦ いたの ろう 下（　）。

⑧ 上下（　）を 見（み）る。

4 □に かんじを、（　）に ひらがなを かきましょう。（ひとつ 3てん）

① □（した）に □（おろす）（ろす）。

② □（うえ）に □（あげる）（げる）。

③ □□（じょうげ）に うごく。

④ 川（かわ）□（かみ）に □（のぼる）（る）。

⑤ □（うわ）ばきを あらう。

⑥ ろう□（か）を あるく。

⑦ 川（かわ）□（しも）に □（くだる）（る）。

⑧ 手（て）を □（さげる）（げる）。

くもん出版

15 かくにんドリル⑤

がつ　にち　なまえ

はじめ　じ　ふん　おわり　じ　ふん

とくてん　てん

©くもん出版

1 ——の　かんじの　よみがなを　かきましょう。（ひとつ　4てん）

① 上下に　のびる。

② 小学校（がっこう）の　先生（せんせい）。

③ 大せつに　する。

④ 川下に　ながす。

⑤ あたまの　上。

⑥ ろう下を　あるく。

⑦ 小川の　水（みず）。

⑧ 上ばきを　ぬぐ。

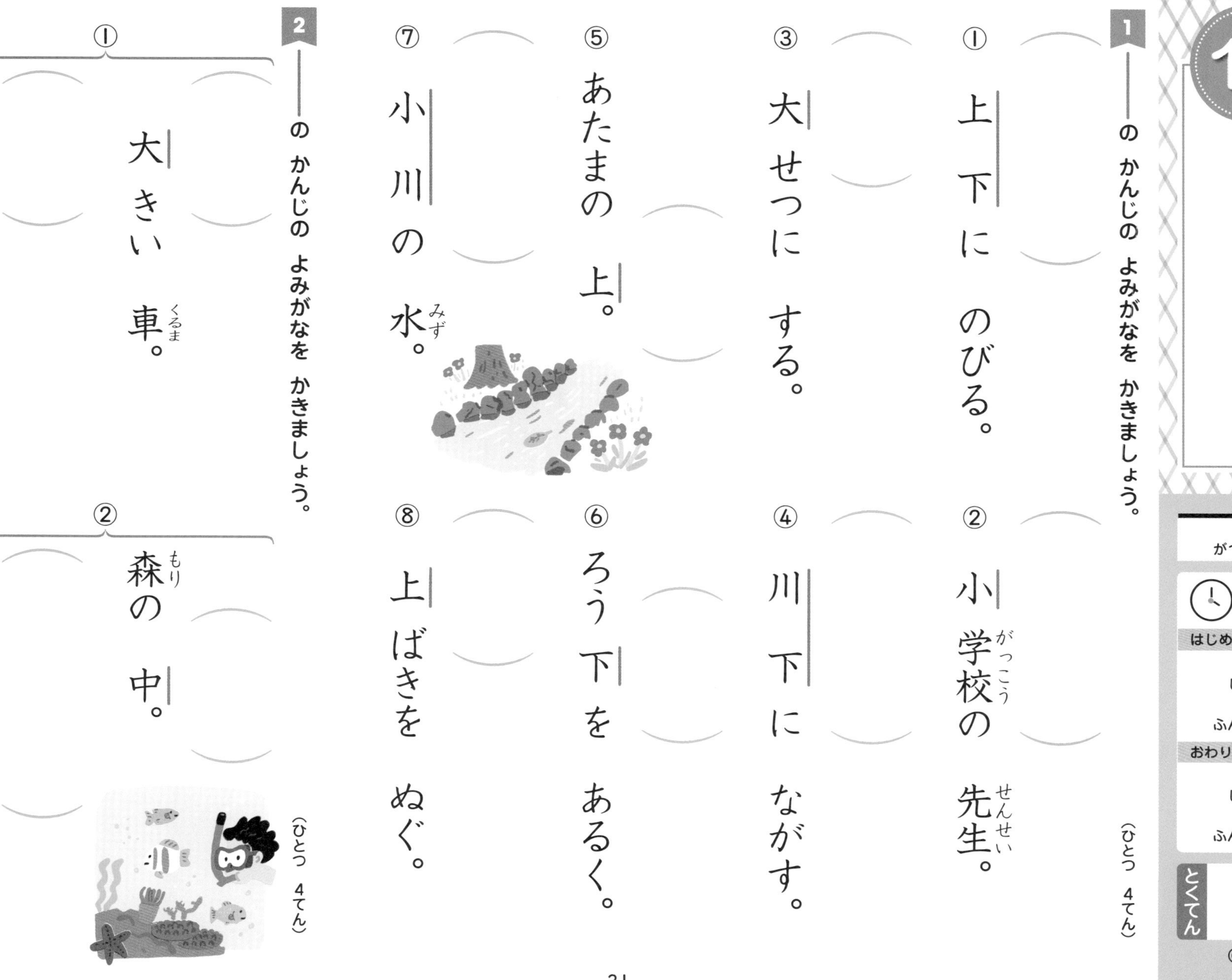

2 ——の　かんじの　よみがなを　かきましょう。（ひとつ　4てん）

① 大きい　車（くるま）。／大すきな　本（ほん）。

② 森（もり）の　中。／水中を　見（み）る。

3 □に　かんじを　かきましょう。（ひとつ　4てん）

① つくえの　□（した）。

② ゆかに　□（お）ろす。

③ 川（かわ）を　□（のぼ）る。

④ □□（かわかみ）の　町（まち）。

⑤ 川（かわ）を　□（くだ）る。

⑥ 白（しろ）い　□□（こいし）。

⑦ □□（すいちゅう）めがね。

⑧ おんどが　□（さ）がる。

⑨ □（たい）せつな　もの。

⑩ □（しょう）学校（がっこう）に　かよう。

4 ——の　ことばを　かんじと　ひらがなで　かきましょう。（ひとつ　4てん）

① にもつを　あげる。

② こえが　ちいさい。

③ くつが　おおきい。

くもん出版

16 土・右・左

がつ　にち　なまえ
はじめ　じ　ふん
おわり　じ　ふん
とくてん　てん

（1～3は ぜんぶ かいて 30てん）

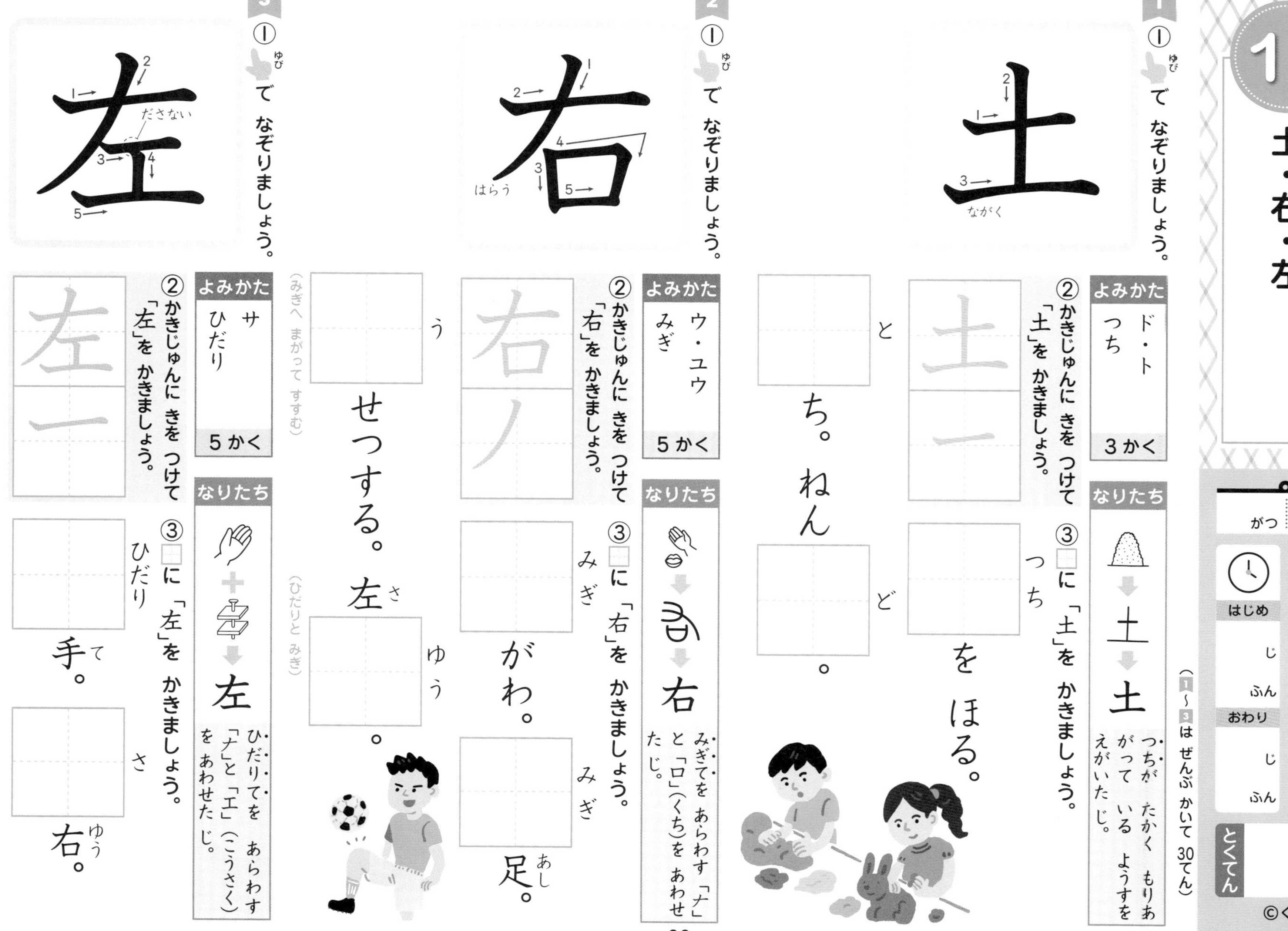

1

① ゆびで なぞりましょう。

土（ながく）

よみかた　ド・ト　つち　3かく

なりたち　つちが たかく もりあがって いる ようすを えがいた じ。

② かきじゅんに きを つけて「土」を かきましょう。

③ □に「土」を かきましょう。

（つち）を ほる。

（と）ち。

ねん（ど）。

2

① ゆびで なぞりましょう。

右（はらう）

よみかた　ウ・ユウ　みぎ　5かく

なりたち　みぎてを あらわす「ナ」と「口」（くち）を あわせた じ。

② かきじゅんに きを つけて「右」を かきましょう。

③ □に「右」を かきましょう。

（みぎ）がわ。

（みぎ）足（あし）。

（う）せつする。（みぎへ まがって すすむ）

左（さ）（ゆう）。（ひだりと みぎ）

3

① ゆびで なぞりましょう。

左（ださない）

よみかた　サ　ひだり　5かく

なりたち　ひだりてを あらわす「ナ」と「工」（こうさく）を あわせた じ。

② かきじゅんに きを つけて「左」を かきましょう。

③ □に「左」を かきましょう。

（ひだり）手（て）。

（さ）右（ゆう）。

©くもん出

4 ――の かんじの よみがなを かきましょう。（ひとつ 5てん）

① 土の 中（なか）。（　　）
② ねん土。（　　）
③ ひろい 土ち。（　　）
④ 右足を 出（だ）す。（あし）
⑤ 右せつする。（　　）
⑥ 左手の ゆび。（て）
⑦ 左右を 見（み）る。（　　）

5 □に かんじを かきましょう。（ひとつ 5てん）

① □（ひだり）手（て）で もつ。
② □（つち）に ふれる。
③ □（う）せつする 車（くるま）。
④ □（と）ちを たがやす。
⑤ □（みぎ）足（あし）で ける。
⑥ ねん□（ど）で あそぶ。
⑦ □□（さゆう）の 手（て）。

くもん出版

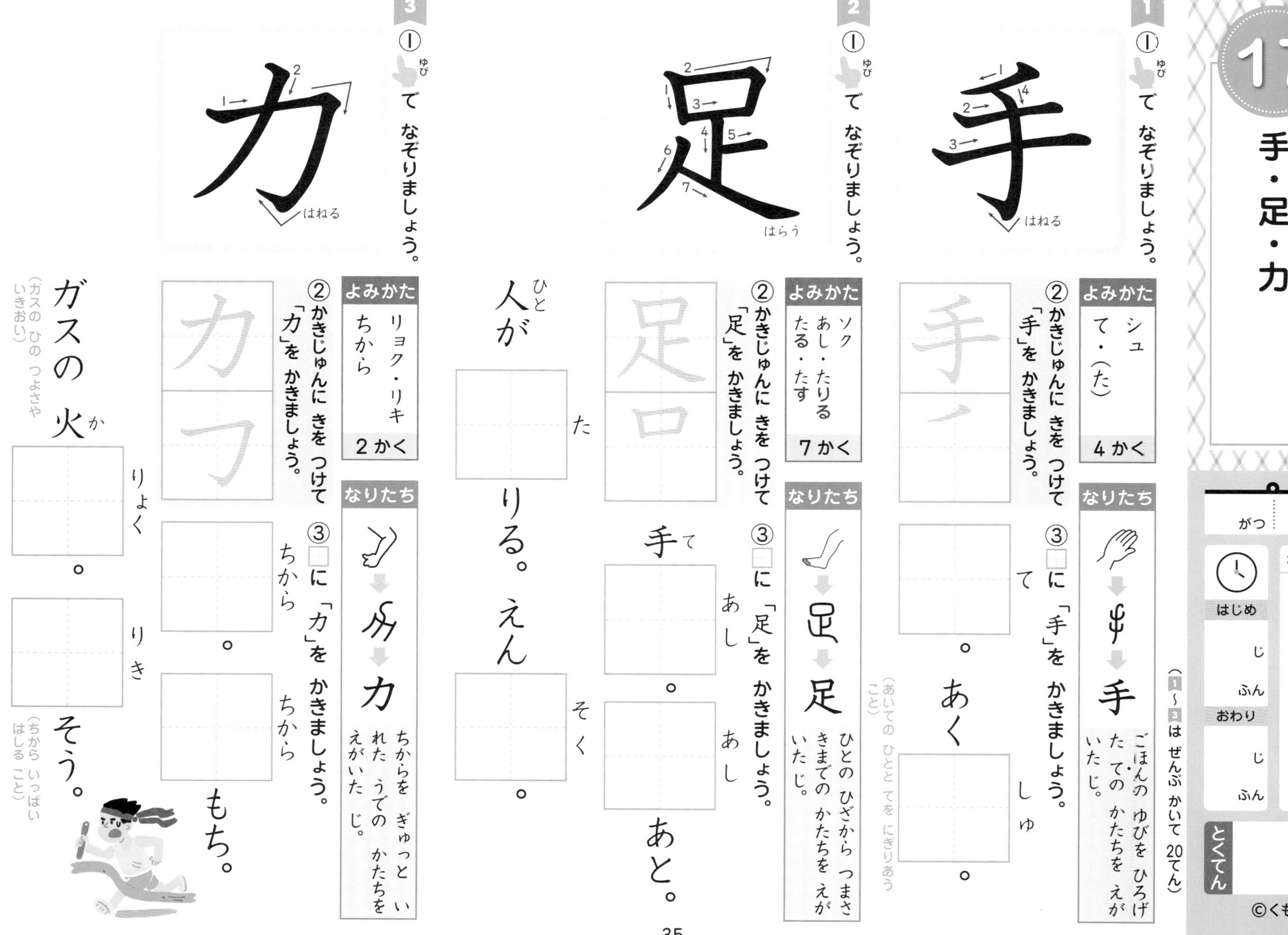

17 手・足・力

がつ　にち　なまえ

はじめ　じ　ふん
おわり　じ　ふん

とくてん　てん

（1〜3は ぜんぶ かいて 20てん）

1

①ゆびで なぞりましょう。

手（はねる）

よみかた
シュ
て・（た）
4かく

②かきじゅんに きを つけて「手」を かきましょう。

なりたち
手
ごほんの ゆびを ひろげた ての かたちを えがいた じ。

③□に「手」を かきましょう。

□（て）。
あく□（しゅ）。
（あいての ひとと てを にぎりあう こと）

2

①ゆびで なぞりましょう。

足（はらう）

よみかた
ソク
あし・たりる
たる・たす
7かく

②かきじゅんに きを つけて「足」を かきましょう。

なりたち
足
ひとの ひざから つまさきまでの かたちを えがいた じ。

③□に「足」を かきましょう。

手□（あし）。
□（あし）あと。

人（ひと）が□（た）りる。
えん□（そく）。

3

①ゆびで なぞりましょう。

力（はねる）

よみかた
リョク・リキ
ちから
2かく

②かきじゅんに きを つけて「力」を かきましょう。

なりたち
力
ちからを ぎゅっと いれた うでの かたちを えがいた じ。

③□に「力」を かきましょう。

□（ちから）。
□（ちから）もち。

ガスの 火（か）□（りょく）。
（ガスの ひの つよさや いきおい）
□（りき）そう。
（ちから いっぱい はしる こと）

©くもん出

4 ——の かんじの よみがなを かきましょう。（ひとつ 5てん）

① 手ぶくろ。（　）

② あく手。（　）

③ ながい 手足。（　）

④ 水（みず）が 足りる。（　）

⑤ えん足の 日（ひ）。（　）

⑥ 力もちの 人（ひと）。（　）

⑦ ガスの 火力。（　）（　）

⑧ 力そうする。（　）

5 □に かんじを、（　）に ひらがなを かきましょう。（ひとつ 5てん）

① えん□（そく）に いく。

② 火□（か・りょく）を よわめる。

③ □（て）ぶくろを はめる。

④ □（ちから）が つよい。

⑤ 先生（せんせい）と あく□（しゅ）する。

⑥ あねが □（りき）そうする。

⑦ こめが □（り る）。（た りる）

⑧ □□（て・あし）を のばす。

くもん出版

18 かくにんドリル⑥

がつ　にち　なまえ

はじめ　じ　ふん　おわり　じ　ふん

とくてん　てん

©くもん出

1 ――の　かんじの　よみがなを　かきましょう。（ひとつ　4てん）

① せまい　土ち。

② 力そうして　かつ。

③ えん足に　いく。

④ 赤（あか）い　手ぶくろ。

⑤ ちちは　力もちだ。

⑥ 火力を　つよめる。

⑦ あく手する。

⑧ ねん土を　ねる。

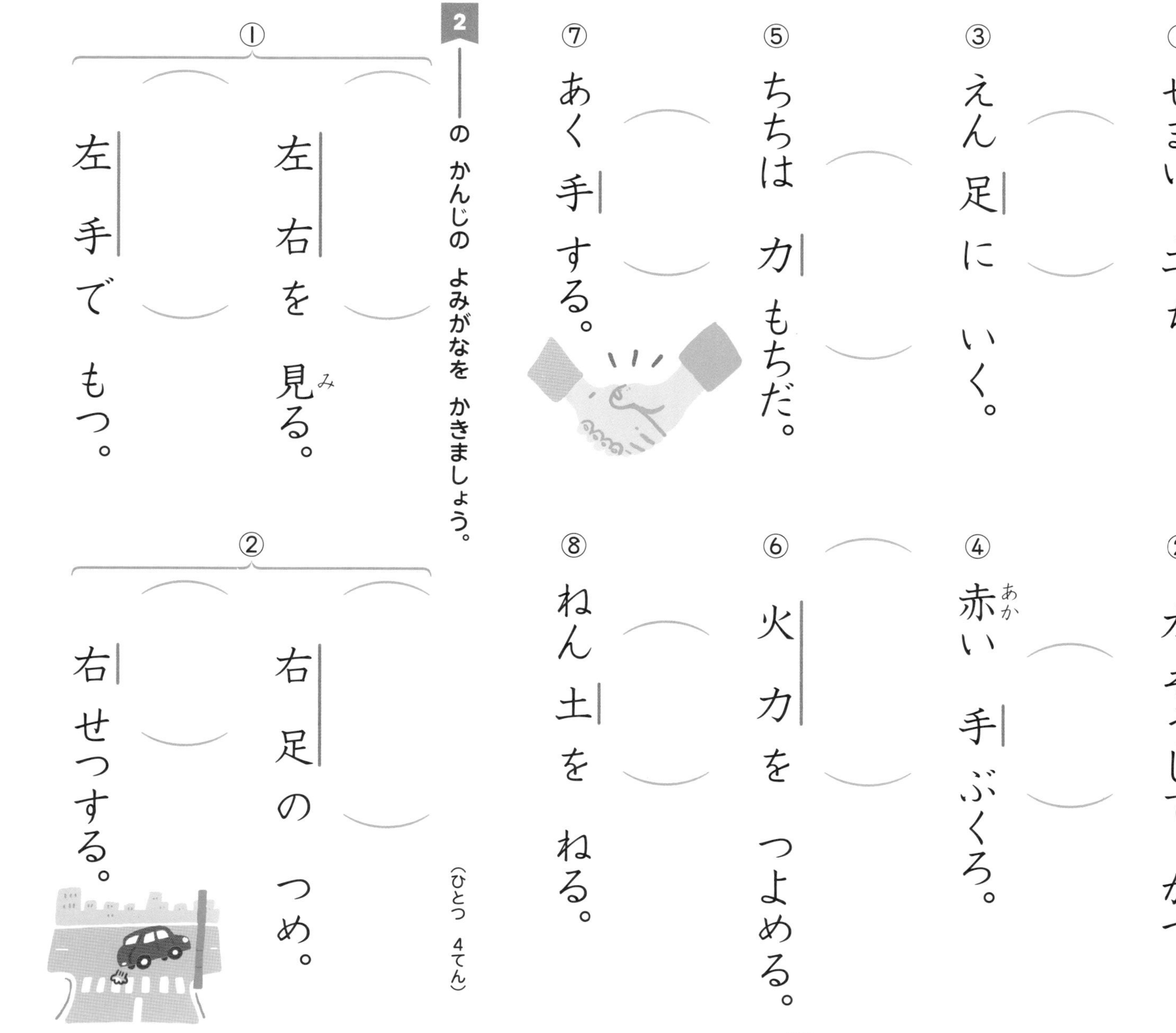

2 ――の　かんじの　よみがなを　かきましょう。（ひとつ　4てん）

① 左右を　見（み）る。／左手で　もつ。

② 右足の　つめ。／右せつする。

3 □に かんじを かきましょう。（ひとつ 4てん）

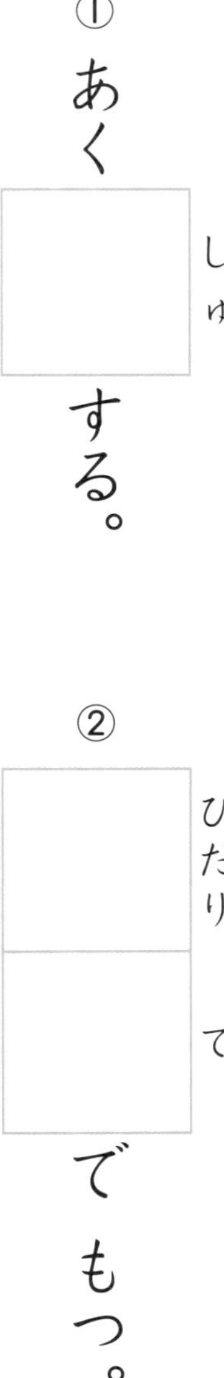

① あく□（しゅ）する。

② □□（ひだり）（て）でもつ。

③ □（う）せつする。

④ はるの えん□（そく）。

⑤ □（つち）をほる。

⑥ あにの□（りき）そう。

⑦ □（みぎ）にまがる。

⑧ ねん□（ど）をねる。

⑨ 人（ひと）が□（た）りる。

⑩ □□（さ）（ゆう）にふる。

⑪ □（あし）をまげる。

⑫ ガスの□□（か）（りょく）。

⑬ □（ちから）がつよい。

©くもん出版

19 夕・名・円

がつ　にち　なまえ

はじめ　じ　ふん　おわり　じ　ふん

とくてん　てん

（1～3は ぜんぶ かいて 30てん）

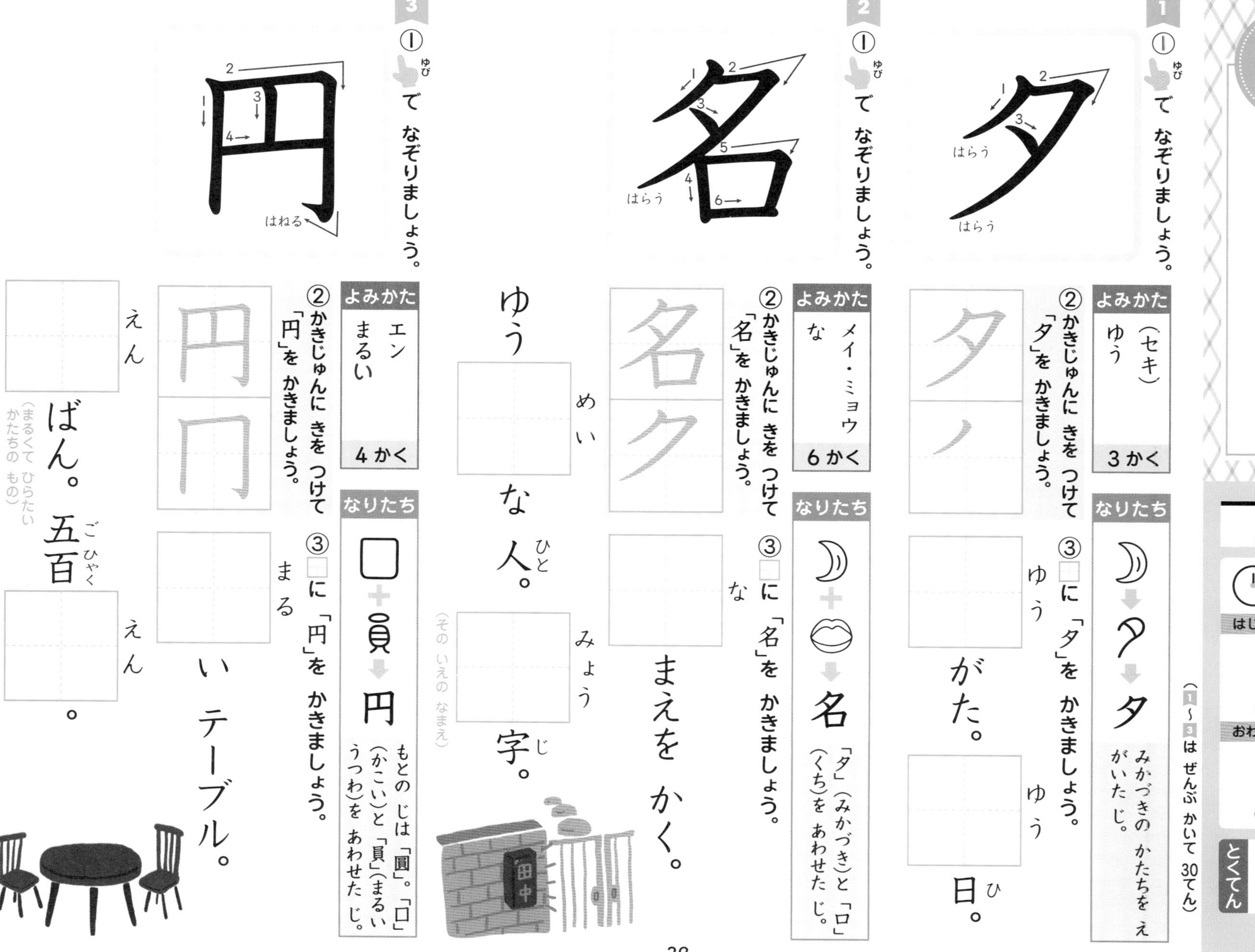

1

① ゆびで なぞりましょう。

夕（はらう　はらう）

よみかた：（セキ）　ゆう　3かく

② かきじゅんに きを つけて「夕」を かきましょう。

なりたち：みかづきの かたちを えがいた じ。

③ □に「夕」を かきましょう。

ゆう（　）がた。

ゆう（　）日。

2

① ゆびで なぞりましょう。

名（はらう）

よみかた：メイ・ミョウ　な　6かく

② かきじゅんに きを つけて「名」を かきましょう。

なりたち：「夕」（みかづき）と「口」（くち）を あわせた じ。

③ □に「名」を かきましょう。

な（　）まえを かく。

ゆうめい（　）な 人。

みょう（　）字。（その いえの なまえ）

3

① ゆびで なぞりましょう。

円（はねる）

よみかた：エン　まるい　4かく

② かきじゅんに きを つけて「円」を かきましょう。

なりたち：もとの じは「圓」。「口」（かこい）と「員」（まるい うつわ）を あわせた じ。

③ □に「円」を かきましょう。

まる（　）い テーブル。

えん（　）ばん。（まるくて ひらたい かたちの もの）

五百えん（　）。

©くもん出

4 ——の かんじの よみがなを かきましょう。（ひとつ　5てん）

①　夕がたに　なる。（　　）

②　夕日を　見(み)る。（　　）

③　名まえを　よぶ。（　　）

④　ゆう名な　人(ひと)。（　　）

⑤　名字を　かく。（　　）（じ）

⑥　円い　テーブル。（　　）

⑦　百円を　もらう。（　　）

5 □に　かんじを、（　）に　ひらがなを　かきましょう。（ひとつ　5てん）

①　□（い）（まるい）かがみ。

②　ゆう□（めい）なえ。

③　□（ゆう）がたに　かえる。

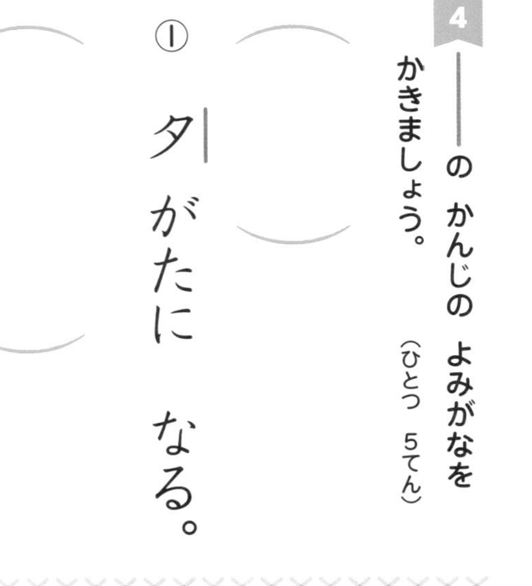

④　百□（ひゃくえん）玉(だま)を　出(だ)す。

⑤　じぶんの　□（な）まえ。

⑥　□日（ゆうひ）が　しずむ。

⑦　□字（みょうじ）を　きく。

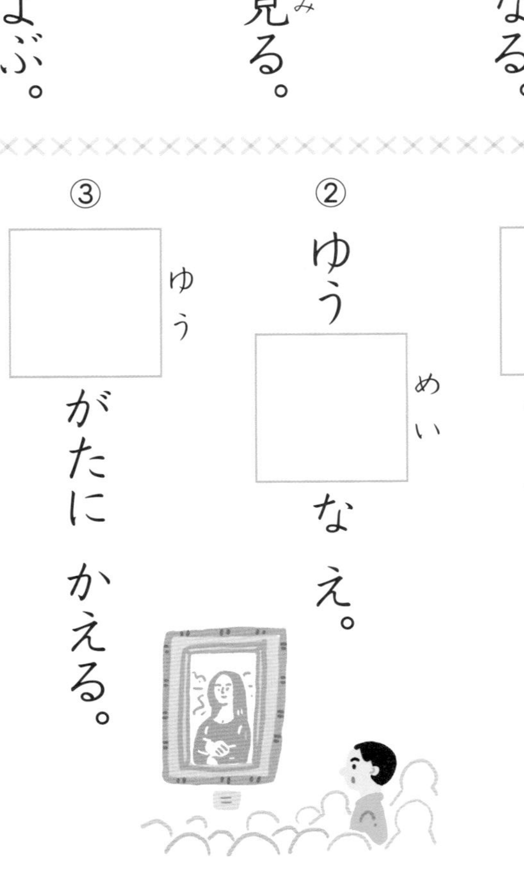

20 王・玉・車

がつ　にち
なまえ
はじめ　じ　ふん
おわり　じ　ふん
とくてん　てん

（1〜3は ぜんぶ かいて 20てん）

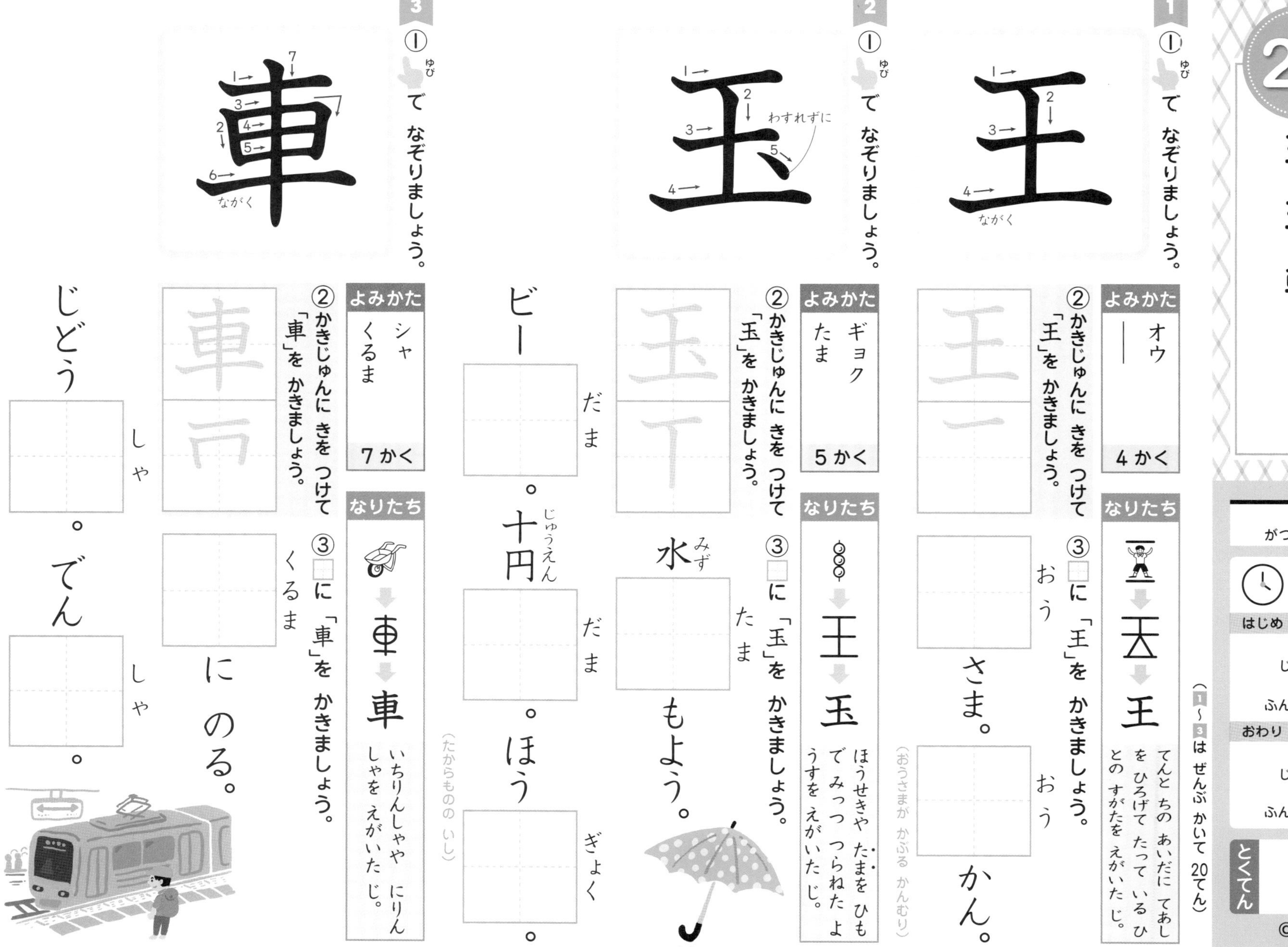

1

①ゆびで なぞりましょう。

王（ながく）

よみかた：オウ　―　4かく

なりたち：てんと ちの あいだに てあしを ひろげて たって いる ひとの すがたを えがいた じ。

②かきじゅんに きを つけて「王」を かきましょう。

③□に「王」を かきましょう。

（おう）さま。
（おう）かん。

（おうさまが かぶる かんむり）

2

①ゆびで なぞりましょう。

玉（わすれずに）

よみかた：ギョク　たま　5かく

なりたち：ほうせきや たま（・・）を ひもで みっつ つらねた ようすを えがいた じ。

②かきじゅんに きを つけて「玉」を かきましょう。

③□に「玉」を かきましょう。

水（みず）（たま）もよう。

ビー（だま）。十円（じゅうえん）（だま）。ほう（ぎょく）。

（たからものの いし）

3

①ゆびで なぞりましょう。

車（ながく）

よみかた：シャ　くるま　7かく

なりたち：いちりんしゃや にりんしゃを えがいた じ。

②かきじゅんに きを つけて「車」を かきましょう。

③□に「車」を かきましょう。

（くるま）に のる。

じどう（しゃ）。でん（しゃ）。

©くもん出

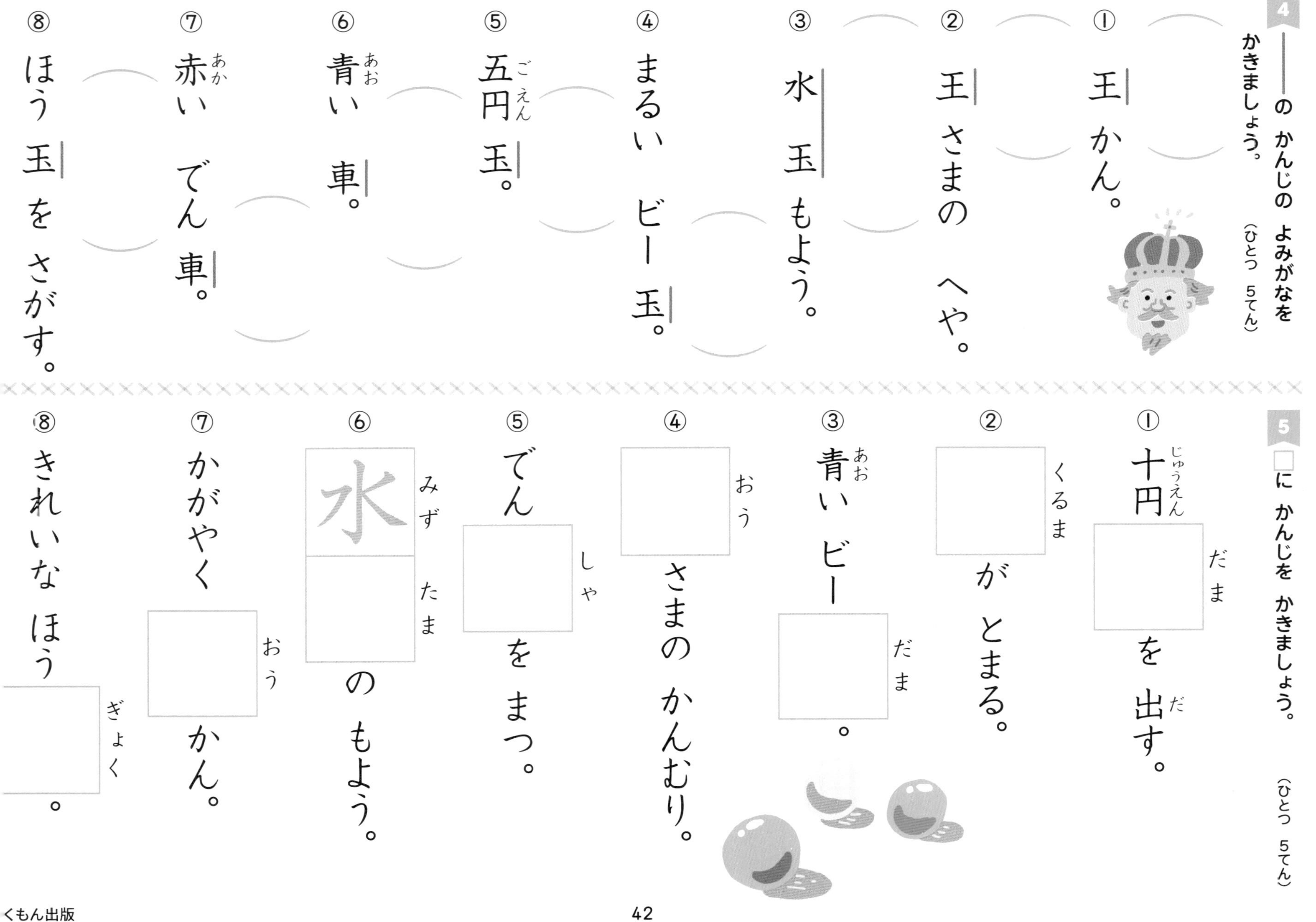

4 ——の かんじの よみがなを かきましょう。（ひとつ 5てん）

① 王かん。（　　）

② 王さまの へや。（　　）

③ 水玉 もよう。（　　）

④ まるい ビー玉。（　　）

⑤ 五円（ごえん）玉。（　　）

⑥ 青（あお）い 車。（　　）

⑦ 赤（あか）い でん車。（　　）

⑧ ほう玉を さがす。（　　）

5 □に かんじを かきましょう。（ひとつ 5てん）

① 十円（じゅうえん）□（だま）を 出（だ）す。

② □（くるま）が とまる。

③ 青（あお）い ビー□（だま）。

④ □（おう）さまの かんむり。

⑤ でん□（しゃ）を まつ。

⑥ 水（みず）□（たま）の もよう。

⑦ かがやく □（おう）かん。

⑧ きれいな ほう□（ぎょく）。

くもん出版

21 かくにんドリル⑦

がつ　に
なまえ
はじめ　じ　ふん
おわり　じ　ふん
とくてん　て

©くもん出

1 ――の かんじの よみがなを かきましょう。（ひとつ　4てん）

①　水玉もよう。（　）

②　ゆう名な　本（ほん）。（　）

③　名まえを　かく。（　）

④　王さまの　ふく。（　）

⑤　夕がたに　つく。（　）

⑥　青（あお）い　ビー玉。（　）

⑦　じどう車。（　）

⑧　名字（じ）で　よぶ。（　）

2 ――の かんじの よみがなを かきましょう。（ひとつ　4てん）

①　五百円。（　）
　　円い　テーブル。（　）

②　大（おお）きな　車。（　）
　　でん車に　のる。（　）

3 □に かんじを かきましょう。 （ひとつ 4てん）

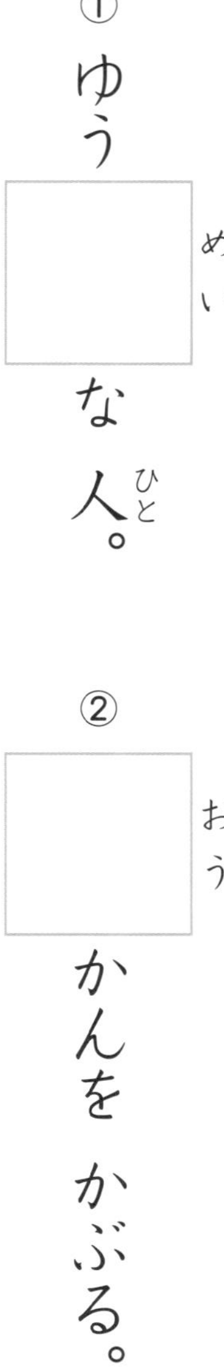

① ゆう□(めい)な 人(ひと)。

② □(おう)かんを かぶる。

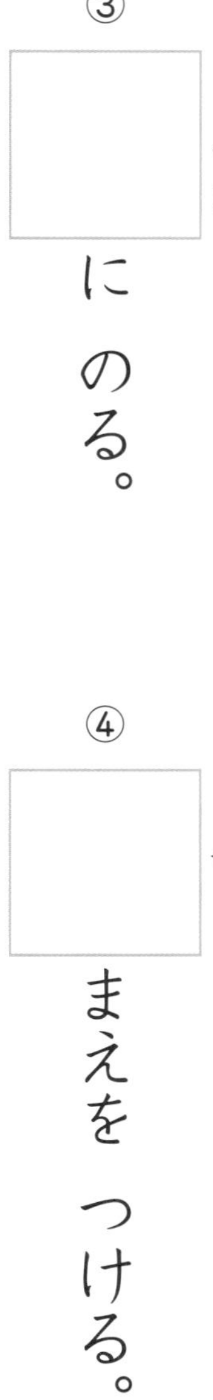

③ □(くるま)に のる。

④ □(な)まえを つける。

⑤ □(まる)い かがみ。

⑥ □(ゆう)がたを すぎる。

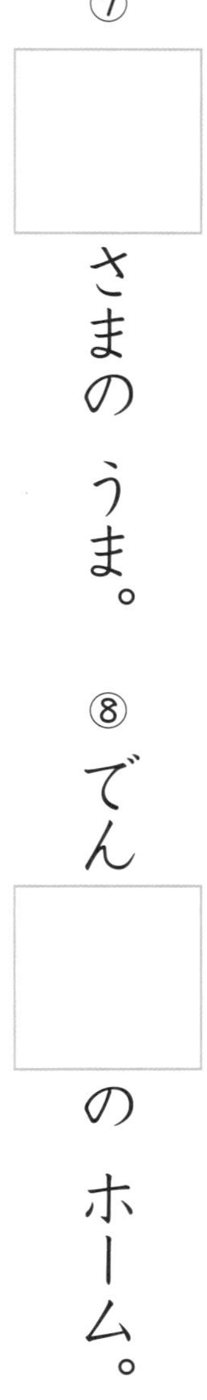

⑦ □(おう)さまの うま。

⑧ でん□(しゃ)の ホーム。

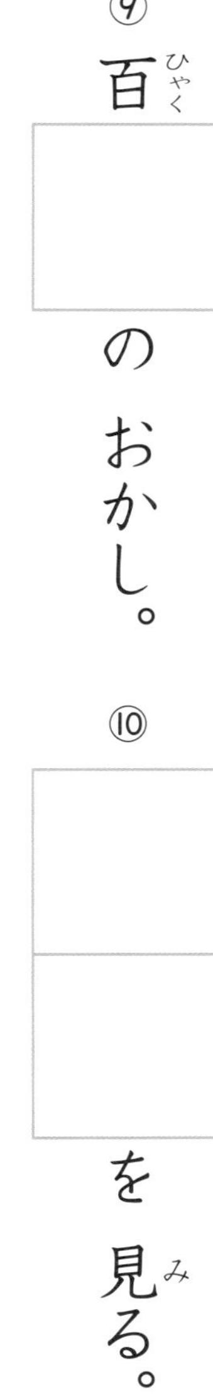

⑨ 百(ひゃく)□(えん)の おかし。

⑩ □(ゆう)□(ひ)を 見(み)る。

⑪ □(みょう)字(じ)を かく。

⑫ □(みず)□(たま)もよう。

⑬ じどう□(しゃ)に のる。

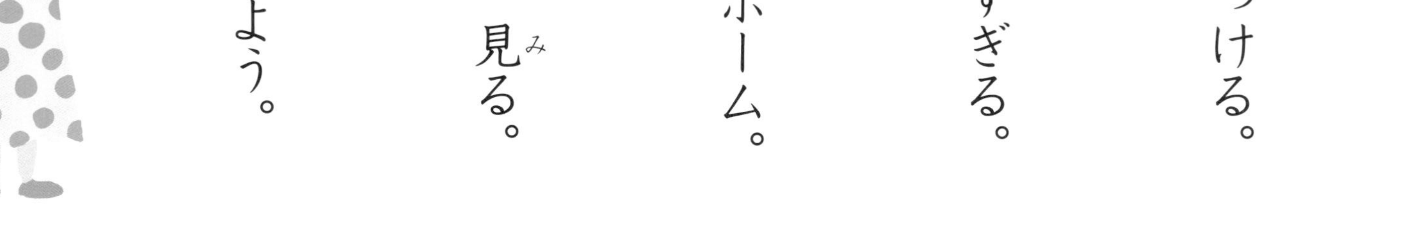

くもん出版

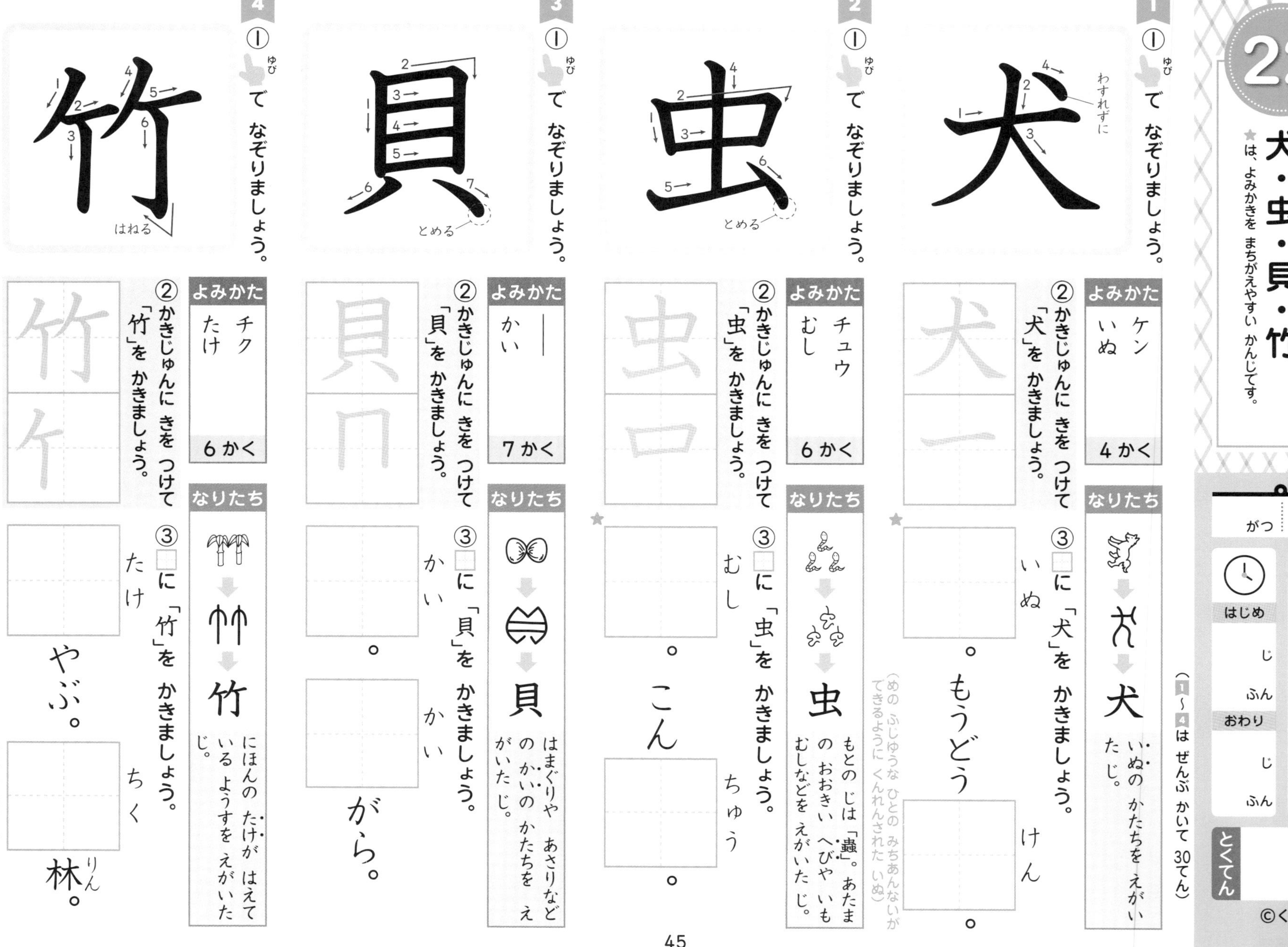

22 犬・虫・貝・竹

★は、よみかきを まちがえやすい かんじです。

がつ　にち　なまえ

はじめ　じ　ふん　おわり　じ　ふん

とくてん　てん

（1～4は ぜんぶ かいて 30てん）

©くもん出

1

①ゆびで なぞりましょう。

犬（わすれずに）

よみかた：ケン　いぬ　4かく

なりたち：いぬの かたちを えがいた じ。

②かきじゅんに きを つけて 「犬」を かきましょう。

③□に 「犬」を かきましょう。

★（いぬ）。もうどう（けん）。

（めの ふじゆうな ひとの みちあんないが できるように くんれんされた いぬ）

2

①ゆびで なぞりましょう。

虫（とめる）

よみかた：チュウ　むし　6かく

なりたち：もとの じは「蟲」。あたまの おおきい へびや いもむしなどを えがいた じ。

②かきじゅんに きを つけて 「虫」を かきましょう。

③□に 「虫」を かきましょう。

★（むし）。こん（ちゅう）。

3

①ゆびで なぞりましょう。

貝（とめる）

よみかた：ー　かい　7かく

なりたち：はまぐりや あさりなどの かいの かたちを えがいた じ。

②かきじゅんに きを つけて 「貝」を かきましょう。

③□に 「貝」を かきましょう。

（かい）。（かい）がら。

4

①ゆびで なぞりましょう。

竹（はねる）

よみかた：チク　たけ　6かく

なりたち：にほんの たけが はえて いる ようすを えがいた じ。

②かきじゅんに きを つけて 「竹」を かきましょう。

③□に 「竹」を かきましょう。

（たけ）やぶ。（ちく）林（りん）。

（たけの はやし）

5 ――の かんじの よみがなを かきましょう。（ひとつ 5てん）

① 大(おお)きな 犬。（　　）

② もうどう 犬。（　　）

③ 虫 とりの かご。（　　）

④ こん 虫 ずかん。（　　）

⑤ 貝 がら。（　　）

⑥ 竹 やぶの 中(なか)。（　　）

⑦ 竹林 の 中(なか)。（りん）

6 □に かんじを かきましょう。（ひとつ 5てん）

① □(むし) を とりに いく。

② □(いぬ) を つれて あるく。

③ □(ちく)林(りん) に 入(はい)る。

④ 白(しろ)い □(かい) がら。

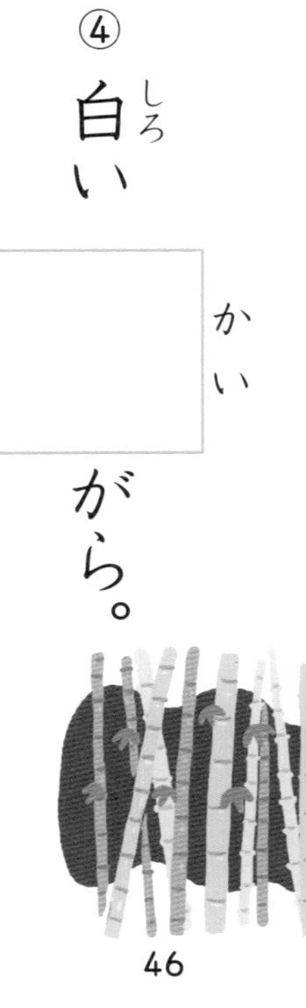

⑤ かしこい もうどう □(けん)。

⑥ こん □(ちゅう) を つかまえる。

⑦ □(たけ) やぶに 入(はい)る。

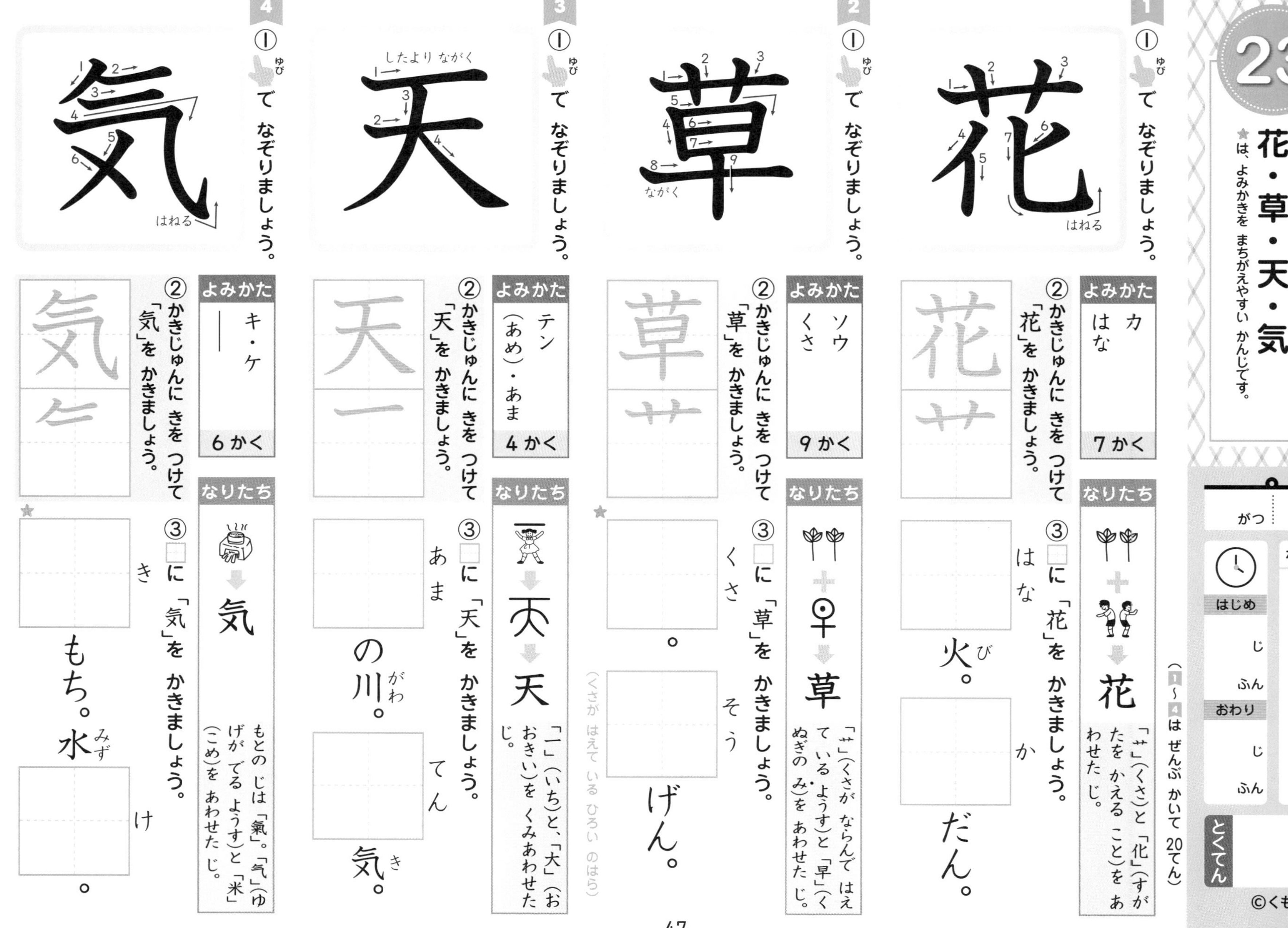

23 花・草・天・気

★は、よみかきを まちがえやすい かんじです。

がつ　にち　なまえ

はじめ　じ　ふん　おわり　じ　ふん

とくてん　てん

(1〜4は ぜんぶ かいて 20てん)

1

① ゆびで なぞりましょう。

花（はねる）

よみかた：カ　はな　7かく

なりたち：「艹」(くさ)と「化」(すがたを かえる こと)を あわせた じ。

② かきじゅんに きを つけて「花」を かきましょう。

③ □に「花」を かきましょう。

（はな）火。
（か）だん。

2

① ゆびで なぞりましょう。

草（ながく）

よみかた：ソウ　くさ　9かく

なりたち：「艹」(くさが ならんで はえて いる ようす)と「早」(くぬぎの み)を あわせた じ。

② かきじゅんに きを つけて「草」を かきましょう。

③ □に「草」を かきましょう。

★（くさ）。
（そう）げん。
(くさが はえて いる ひろい のはら)

3

① ゆびで なぞりましょう。

天（したより ながく）

よみかた：テン　(あめ)・あま　4かく

なりたち：「一」(いち)と、「大」(おおきい)を くみあわせた じ。

② かきじゅんに きを つけて「天」を かきましょう。

③ □に「天」を かきましょう。

（あま）の川（がわ）。
（てん）気（き）。

4

① ゆびで なぞりましょう。

気（はねる）

よみかた：キ・ケ　―　6かく

なりたち：もとの じは「氣」。「气」(ゆげが でる ようす)と「米」(こめ)を あわせた じ。

② かきじゅんに きを つけて「気」を かきましょう。

③ □に「気」を かきましょう。

★（き）もち。
水（みず）（け）。

©くもん出

5 ―― の かんじの よみがなを かきましょう。（ひとつ 5てん）

① 花火を かう。（　　）

② 学校(がっこう)の 花だん。（　　）

③ ★草むしり。（　　）

④ 草げんの かぜ。（　　）

⑤ 天の川(がわ)を 見(み)る。（　　）

⑥ 天★気よほう。（　　）

⑦ 水(みず)気を とる。（　　）

⑧ ★気もちが よい。（　　）

6 □に かんじを かきましょう。（ひとつ 5てん）

① にわの ★□(くさ) むしり。

② じぶんの ★□(き) もち。

③ □(か) だんに うえる。

④ 水□(みずけ) が ある。

⑤ □(そう) げんを はしる。

⑥ きれいな □火(はなび)。

⑦ あすの ★□□(てんき)。

⑧ うつくしい □(あま) の川(がわ)。

くもん出版

24 かくにんドリル⑧

★は、よみかたを まちがえやすい かんじです。

がつ　にち　なまえ

はじめ　じ　ふん　おわり　じ　ふん

とくてん　てん

©くもん

1 ――の かんじの よみがなを かきましょう。（ひとつ 4てん）

① もうどう 犬。

② ひろい 草げん。

③ あねの ★気もち。

④ ★虫とりあみ。

⑤ 天の川（がわ）を 見（み）る。

⑥ 水（みず）気が ある。

⑦ 貝がらの かたち。

⑧ こん虫ずかん。

2 ――の かんじの よみがなを かきましょう。（ひとつ 4てん）

① 竹やぶを 出（で）る。
　竹林（りん）に 入（はい）る。

② きれいな 花火。
　にわの 花だん。

3 □に かんじを かきましょう。（ひとつ 4てん）

① □（か）だんの 土（つち）。

② □（あま）の川（がわ）が 見（み）える。

③ □（そう）げんに 立（た）つ。

④ □□（みずけ）が ある。

⑤ ★□（き）もちが よい。

⑥ □（かい）がらを ひろう。

⑦ ★□（むし）とりの あみ。

⑧ ★□（くさ）むしりを する。

⑨ □（たけ）やぶに 入（はい）る。

⑩ □★□（てんき）よほう。

⑪ ★□□（いぬごや）や。

⑫ □□（はなび）大（たい）かい。

⑬ こん□（ちゅう）を つかまえる。

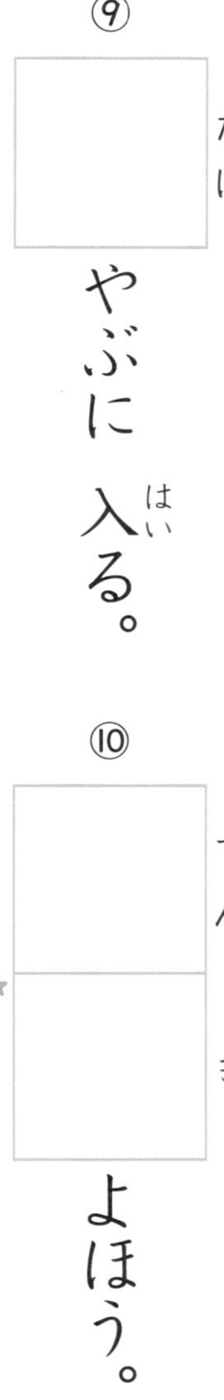
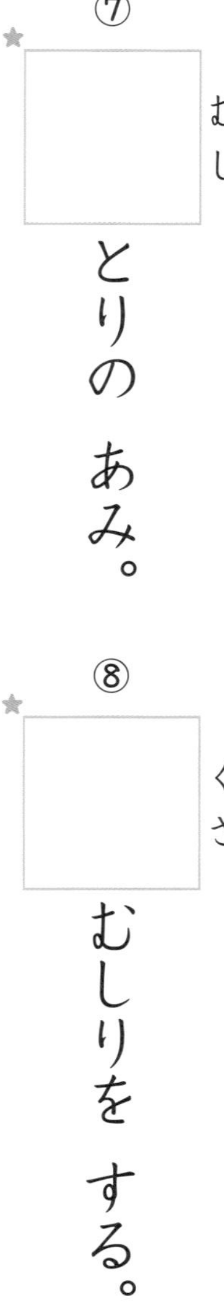
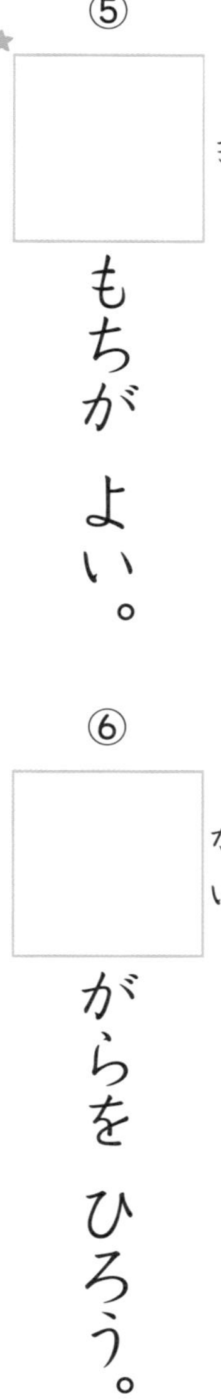
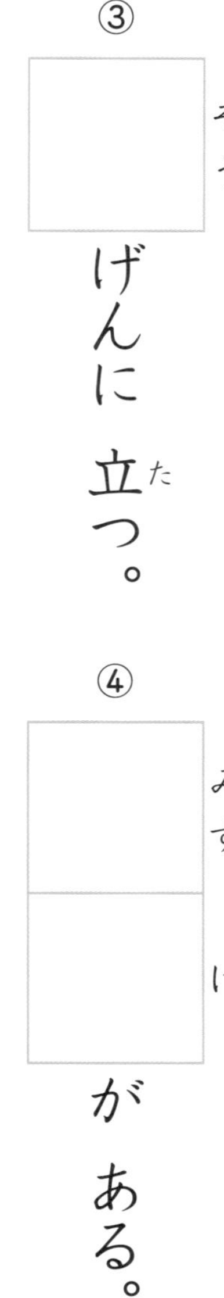

もん出版

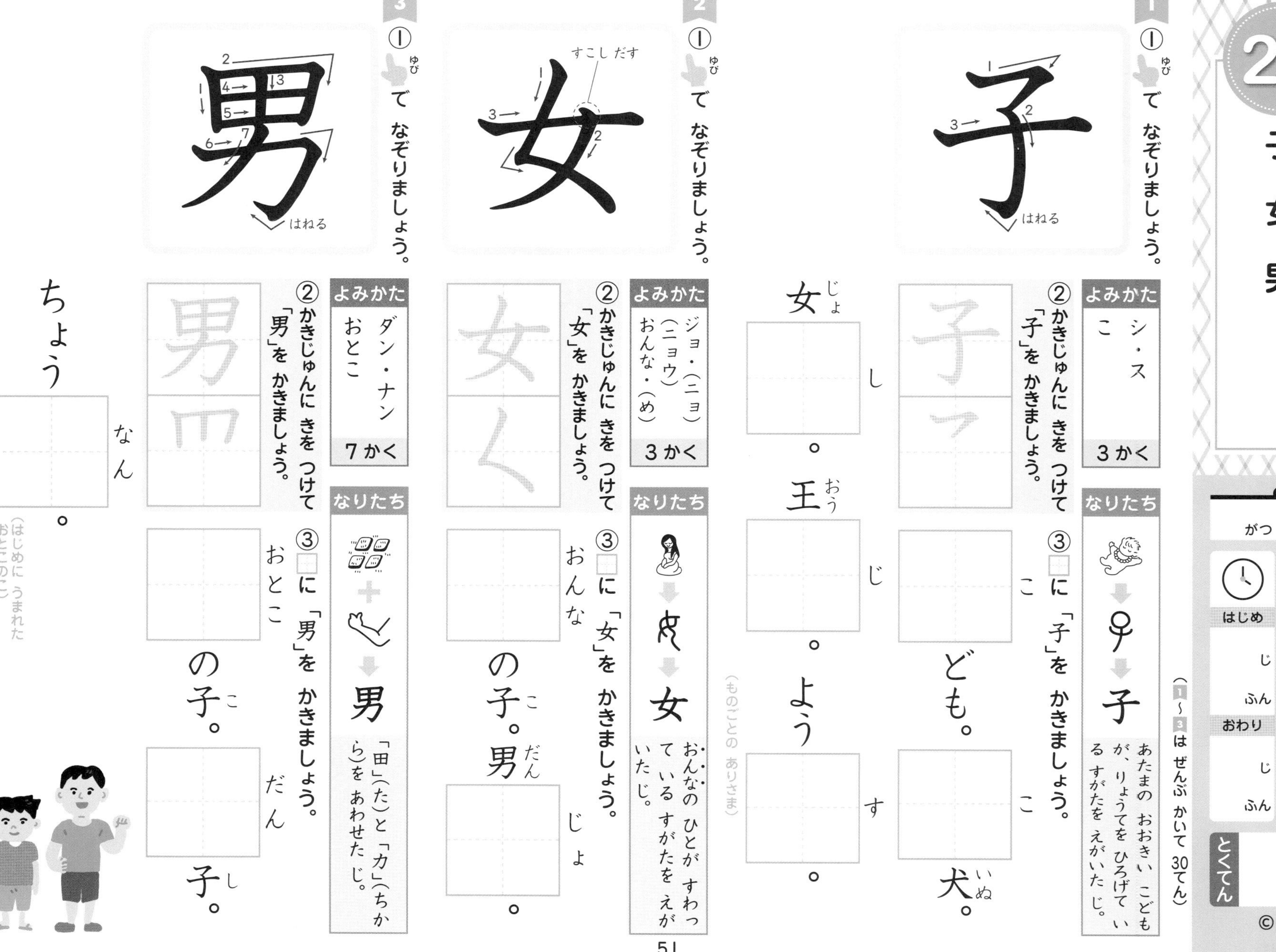

25 子・女・男

がつ　にち
なまえ
はじめ　じ　ふん
おわり　じ　ふん
とくてん　てん

（1～3は ぜんぶ かいて 30てん）

1

① ゆびで なぞりましょう。

子（はねる）

よみかた
シ・ス
こ
3かく

なりたち
子
あたまの おおきい こどもが、りょうてを ひろげて いる すがたを えがいた じ。

② かきじゅんに きを つけて 「子」を かきましょう。

③ □に 「子」を かきましょう。

（こ）ども。
（こ）犬。
女（し）。
王（じ）。
よう（す）。
（ものごとの ありさま）

2

① ゆびで なぞりましょう。

女（すこし だす）

よみかた
ジョ・（ニョ）
（ニョウ）
おんな・（め）
3かく

なりたち
女
おんなの ひとが すわって いる すがたを えがいた じ。

② かきじゅんに きを つけて 「女」を かきましょう。

③ □に 「女」を かきましょう。

（おんな）の子。
男（じょ）。

3

① ゆびで なぞりましょう。

男（はねる）

よみかた
ダン・ナン
おとこ
7かく

なりたち
男
「田」（た）と「力」（ちから）を あわせた じ。

② かきじゅんに きを つけて 「男」を かきましょう。

③ □に 「男」を かきましょう。

（おとこ）の子。
（だん）子。
ちょう（なん）。
（はじめに うまれた おとこのこ）

©くもん出版

4 ――の かんじの よみがなを かきましょう。（ひとつ 5てん）

①（　）子どもの へや。

②（　）女子の かず。

③ 町(まち)の よう子。（　）

④（　）女の子(こ)の くつ。

⑤（　）男の子(こ)の ふく。

⑥ 一年生(いちねんせい)の 男子。（　）

⑦ ちょう男。（　）

5 □に かんじを かきましょう。（ひとつ 5てん）

① 二人(ふたり)の □(おんな)の子(こ)。

② よう□(す)を きく。

③ ぼくは ちょう□(なん)です。

④ □(おとこ)の子(こ)の ぼうし。

⑤ □(こ)どもの こえ。

⑥ 三年生(さんねんせい)の □□(じょし)。

⑦ クラスの □□(だんし)。

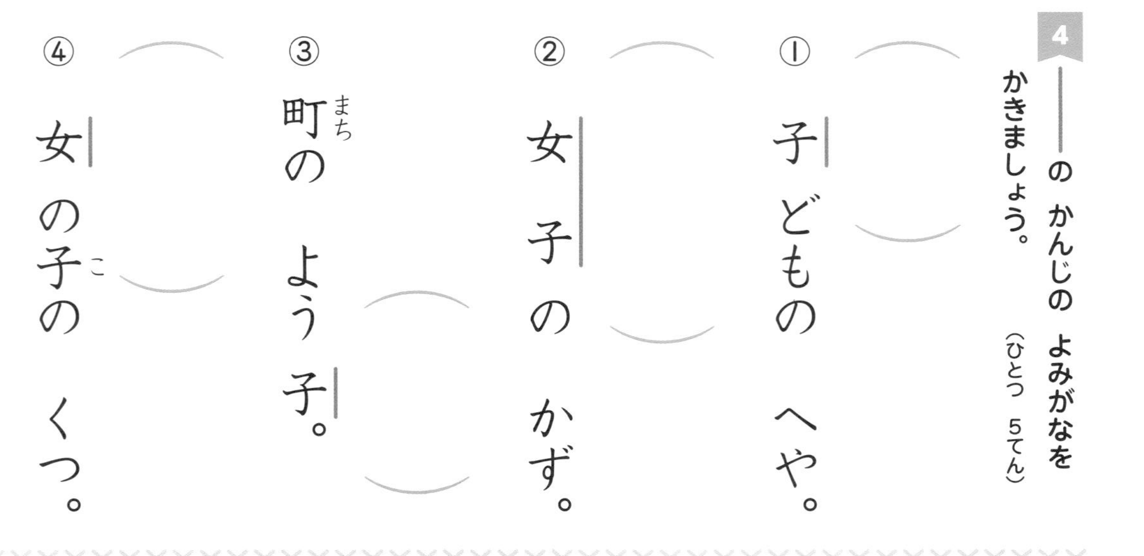

26 本・先・生

がつ　にち
なまえ
はじめ　じ　ふん
おわり　じ　ふん
とくてん　てん
（1〜3は ぜんぶ かいて 20てん）

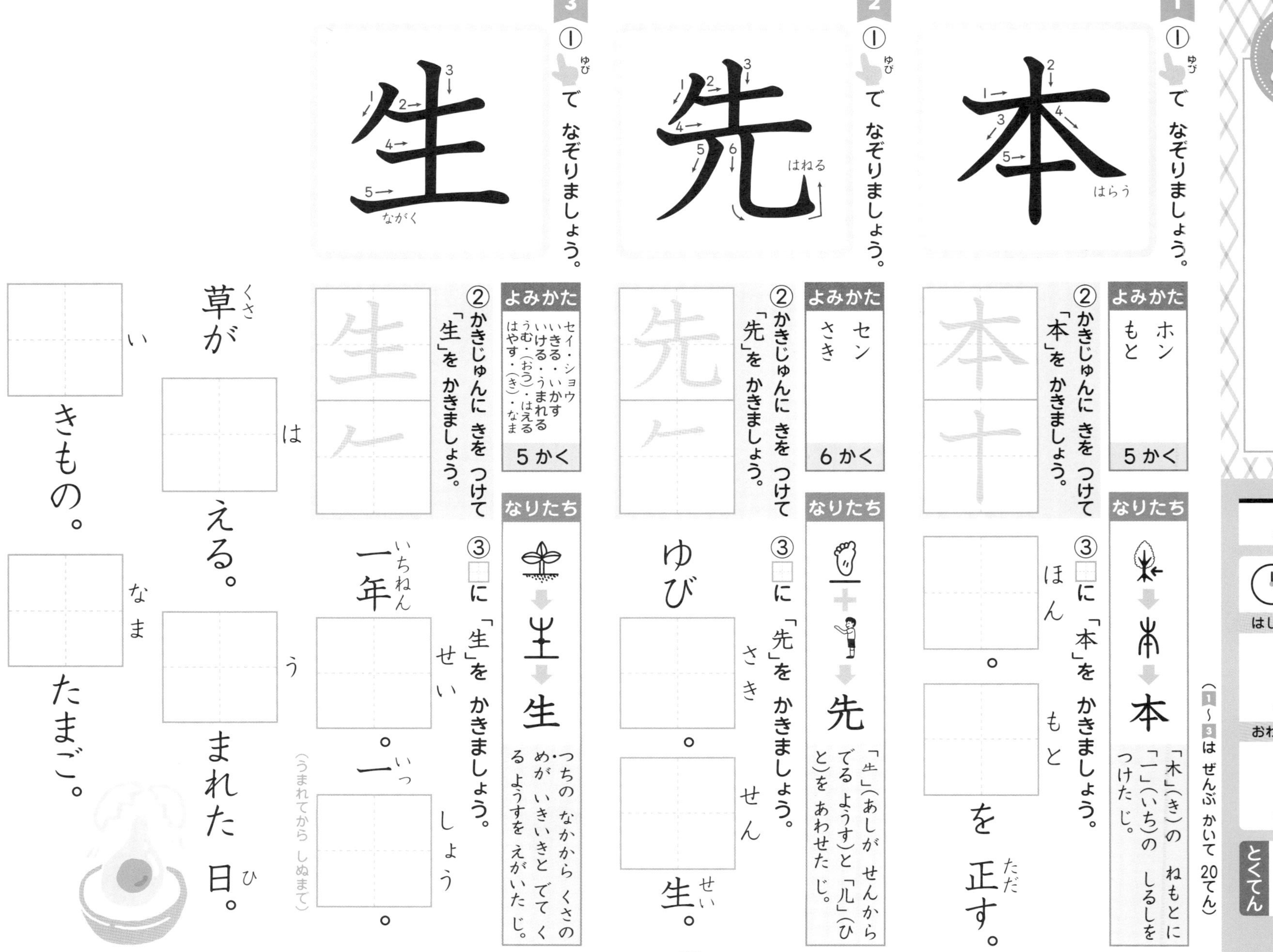

1

①ゆびで なぞりましょう。

本（はらう）

よみかた：ホン・もと　5かく

なりたち：「木」（き）の ねもとに 「一」（いち）の しるしを つけた じ。

②かきじゅんに きを つけて 「本」を かきましょう。

③□に「本」を かきましょう。

□（ほん）。

□（もと）を 正（ただ）す。

2

①ゆびで なぞりましょう。

先（はねる）

よみかた：セン・さき　6かく

なりたち：「止」（あしが せんから でる ようす）と 「儿」（ひと）を あわせた じ。

②かきじゅんに きを つけて 「先」を かきましょう。

③□に「先」を かきましょう。

ゆび□（さき）。

□（せん）生（せい）。

3

①ゆびで なぞりましょう。

生（ながく）

よみかた：セイ・ショウ・いきる・いかす・いける・うまれる・うむ・（おう）・はえる・はやす・（き）・なま　5かく

なりたち：つちの なかから くさの めが いきいきと でて くる ようすを えがいた じ。

②かきじゅんに きを つけて 「生」を かきましょう。

③□に「生」を かきましょう。

一年（いちねん）□（せい）。

一（いっ）□（しょう）。（うまれてから しぬまで）

草（くさ）が □（は）える。

□（う）まれた 日（ひ）。

□（い）きもの。

□（なま）たまご。

©くもん出

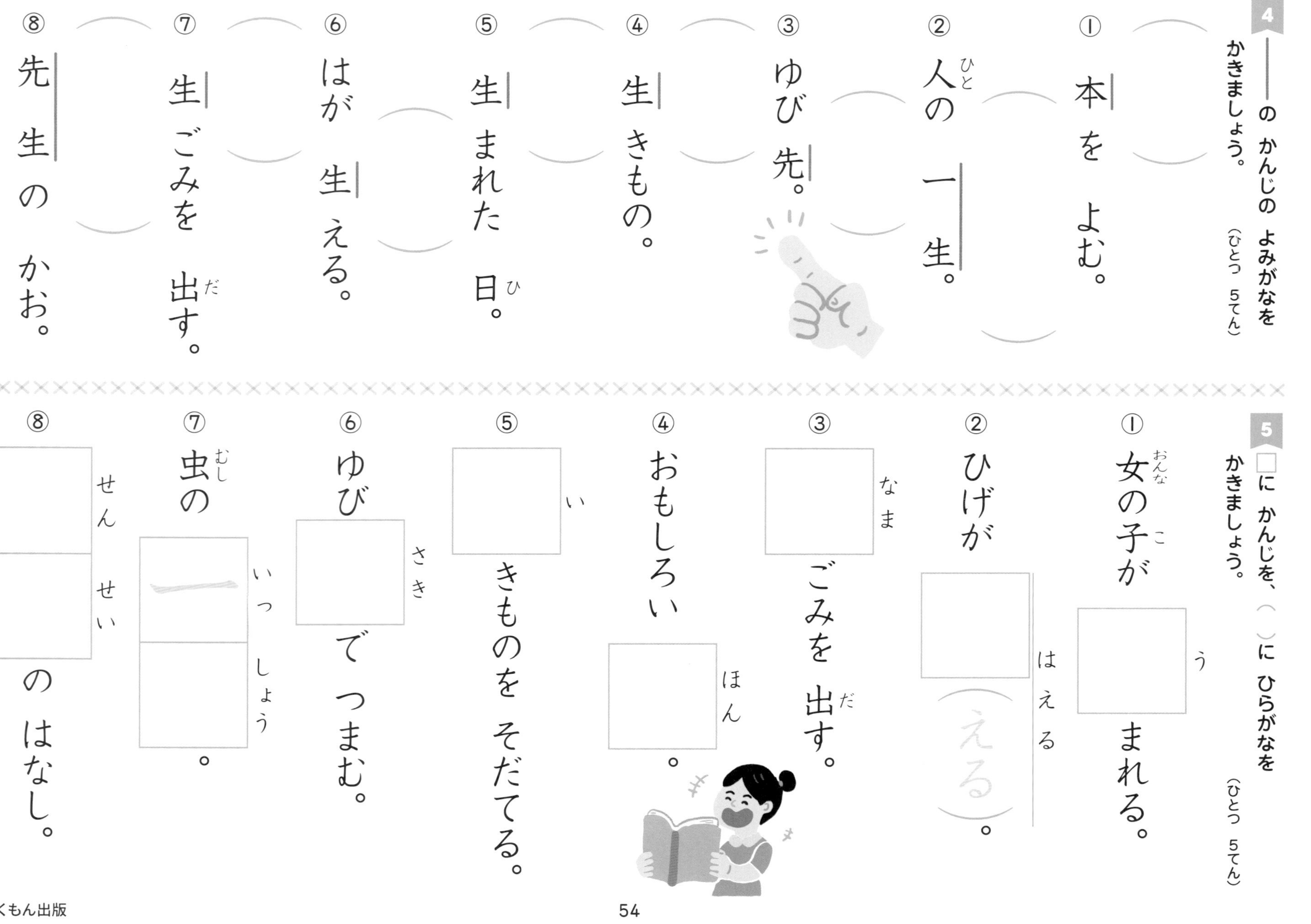

4 ——の かんじの よみがなを かきましょう。（ひとつ 5てん）

① 本を よむ。（　）
② 人(ひと)の 一生。（　）
③ ゆび先。（　）
④ 生きもの。（　）
⑤ 生まれた 日(ひ)。（　）
⑥ はが 生える。（　）
⑦ 生ごみを 出(だ)す。（　）
⑧ 先生の かお。（　）

5 □に かんじを、（　）に ひらがなを かきましょう。（ひとつ 5てん）

① 女(おんな)の子(こ)が □(う)まれる。
② ひげが □（える）。(はえる)
③ □(なま)ごみを 出(だ)す。
④ おもしろい □(ほん)。
⑤ □(い)きものを そだてる。
⑥ ゆび □(さき) で つまむ。
⑦ 虫(むし)の □□(いっしょう)。
⑧ □□(せんせい) の はなし。

27 かくにんドリル⑨

がつ　にち
なまえ
はじめ　じ　ふん
おわり　じ　ふん
とくてん　てん

1 ―の　かんじの　よみがなを　かきましょう。（ひとつ　4てん）

① 本を　よむ。

② 女の　人（ひと）。

③ 子どもの　手（て）。

④ 生きものを　かう。

⑤ 人（ひと）の　一生。

⑥ 女子トイレ。

⑦ 生ごみを　出（だ）す。

⑧ はが　生える。

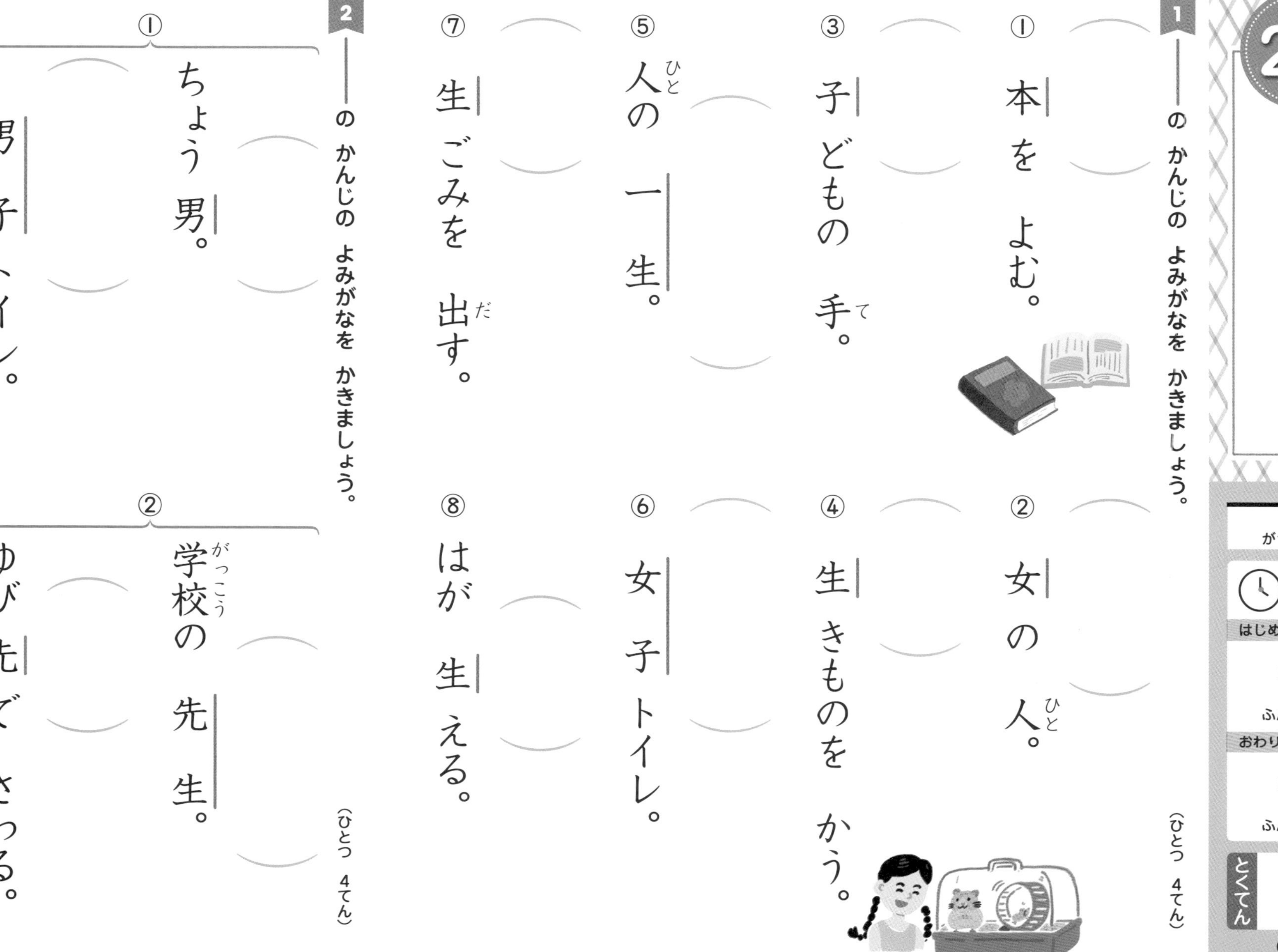

2 ―の　かんじの　よみがなを　かきましょう。（ひとつ　4てん）

①
- ちょう男。
- 男子トイレ。

②
- 学校（がっこう）の　先生。
- ゆび先で　さわる。

©くもん出

3 □に かんじを かきましょう。（ひとつ 4てん）

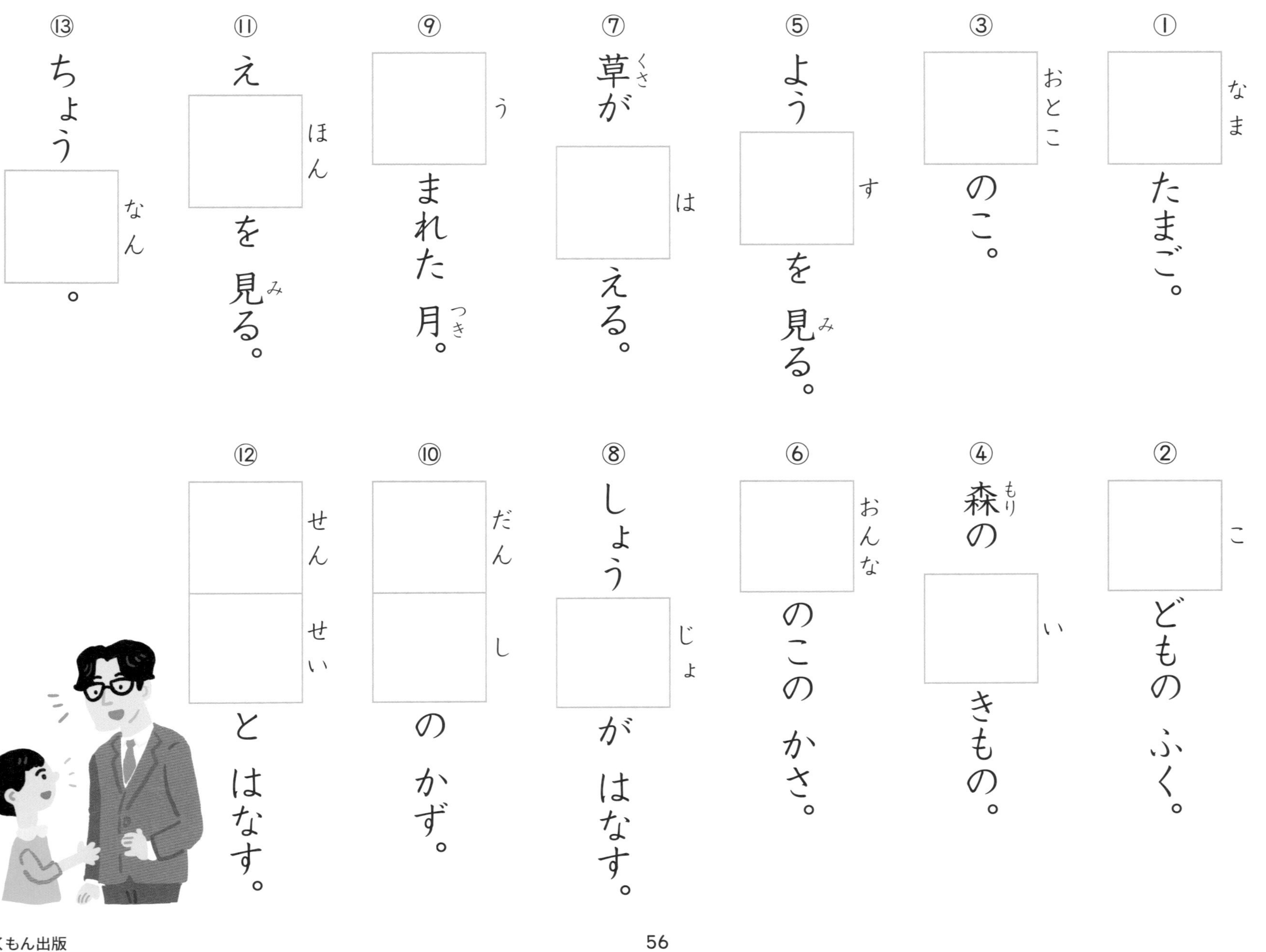

①　□(なま)たまご。

②　□(こ)どもの ふく。

③　□(おとこ)のこ。

④　森(もり)の □(い)きもの。

⑤　よう□(す)を 見(み)る。

⑥　□(おんな)のこの かさ。

⑦　草(くさ)が □(は)える。

⑧　しょう□(じょ)が はなす。

⑨　□(う)まれた 月(つき)。

⑩　□□(だんし)の かず。

⑪　え□(ほん)を 見(み)る。

⑫　□□(せんせい)と はなす。

⑬　ちょう□(なん)。

28 文・字・学・校

がつ　にち

なまえ

はじめ　じ　ふん

おわり　じ　ふん

とくてん　てん

©くもん出

（1～4は ぜんぶ かいて 30てん）

1

① ゆびで なぞりましょう。

文（はらう　はらう）

よみかた：ブン・モン（ふみ）　4かく

② かきじゅんに きを つけて「文」を かきましょう。

なりたち：文　おおむかし、どきに えがいた もようを あらわした じ。

③ □に「文」を かきましょう。

ぶん□。ちゅう□（もん）。

（しなものなどを たのむ こと）

2

① ゆびで なぞりましょう。

字（はねる）

よみかた：ジ（あざ）　6かく

② かきじゅんに きを つけて「字」を かきましょう。

なりたち：字　「宀」（いえ）と「子」（こども）を あわせた じ。

③ □に「字」を かきましょう。

かん□（じ）。文（も）□（じ）。

3

① ゆびで なぞりましょう。

学（はねる）

よみかた：ガク　まなぶ　8かく

② かきじゅんに きを つけて「学」を かきましょう。

なりたち：学　もとの じは「學」。「𦥑」（りょうて）と「冖」（やねの ある こうしゃ）、「子」（こども）、「爻」（まじわる ことをしめす）を あわせた じ。

③ □に「学」を かきましょう。

□（まな）ぶ。□（がく）生（せい）。

4

① ゆびで なぞりましょう。

校（とめる　とめる）

よみかた：コウ　―　10かく

② かきじゅんに きを つけて「校」を かきましょう。

なりたち：校　「木」（き）と「交」（あしを まじわらせて いる ようす）を あわせた じ。

③ □に「校」を かきましょう。

□（こう）もん。学（がっ）□（こう）。

5 ―― の かんじの よみがなを かきましょう。（ひとつ 5てん）

① 文を よむ。（　　）

② ちゅう文する。（　　）

③ かん字。（　　）

④ 文字を かく。（　　）

ちゅうい ここでは「もん」では ない よみかたを かく。

⑤ こくごを 学ぶ。（　　）

⑥ 小学生。（　　）

⑦ 学校へ いく。（　　）

6 □に かんじを、（　）に ひらがなを かきましょう。（ひとつ 5てん）

① あたらしい かん［じ］。

② あには 中（ちゅう）［がく］［せい］だ。

③ ［ぶん］を かく。

④ さんすうを ［まな］（ぶ）。

⑤ ［がっ］［こう］の 先生（せんせい）。

⑥ ちゅう［もん］を とる。

⑦ ［も］［じ］の よみかき。

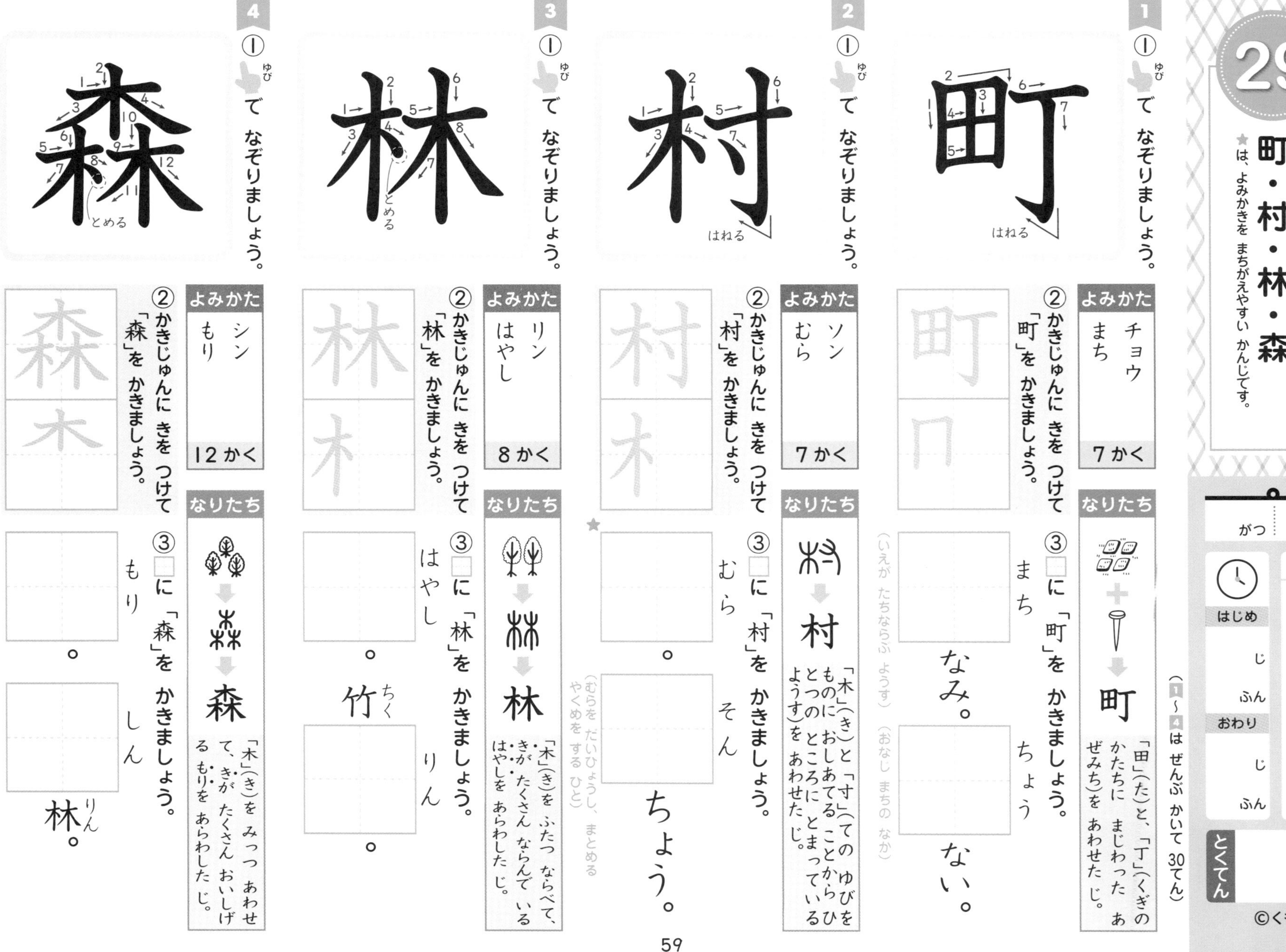

29 町・村・林・森

★は、よみかきを まちがえやすい かんじです。

がつ　にち
なまえ
はじめ　じ　ふん
おわり　じ　ふん
とくてん　てん

（1～4は ぜんぶ かいて 30てん）

1

① ゆびで なぞりましょう。

町（はねる）

よみかた：チョウ／まち　7かく

なりたち：「田」(た)と、「丁」(くぎの かたち)に まじわった あぜみち)を あわせた じ。

② かきじゅんに きを つけて 「町」を かきましょう。

③ □に 「町」を かきましょう。

まち□なみ。（いえが たちならぶ ようす）

ちょう□ない。（おなじ まちの なか）

2

① ゆびで なぞりましょう。

村（はねる）

よみかた：ソン／むら　7かく

なりたち：「木」(き)と 「寸」(ての ゆびを ものに おしあてる ことから ひとつの ところに とまって いる ようす)を あわせた じ。

② かきじゅんに きを つけて 「村」を かきましょう。

③ □に 「村」を かきましょう。

★むら□。

そん□ちょう。（むらを だいひょうし、まとめる やくめを する ひと）

3

① ゆびで なぞりましょう。

林（とめる）

よみかた：リン／はやし　8かく

なりたち：「木」(き)を ふたつ ならべて、き が たくさん ならんで いる はやしを あらわした じ。

② かきじゅんに きを つけて 「林」を かきましょう。

③ □に 「林」を かきましょう。

はやし□。

竹(ちく)りん□。

4

① ゆびで なぞりましょう。

森（とめる）

よみかた：シン／もり　12かく

なりたち：「木」(き)を みっつ あわせて、きが たくさん おいしげる もりを あらわした じ。

② かきじゅんに きを つけて 「森」を かきましょう。

③ □に 「森」を かきましょう。

もり□。

しん□林(りん)。

©くもん出

5 ——の かんじの よみがなを かきましょう。 （ひとつ 5てん）

① 町なみ。（　）

② 町ないの 人（ひと）。（　）

③ 小（ちい）さな 村。（　）

④ 村ちょう。（　）

⑤ くらい 林。（　）

⑥ 森の どうぶつ。（　）

⑦ 日本（にっぽん）の 森林。（　）

6 □に かんじを かきましょう。 （ひとつ 5てん）

① □（そん）ちょうを えらぶ。

② 山（やま）の □□（しんりん）。

③ □（ちょう）ないの あつまり。

④ にぎやかな みなと □（まち）。

⑤ しずかな □（もり）。

⑥ となりの □（むら）。

⑦ □（はやし）の 中（なか）の 小（こ）や。

30 かくにんドリル⑩

★は、よみかきを まちがえやすい かんじです。

がつ　にち　なまえ

はじめ　じ　ふん　おわり　じ　ふん

とくてん　てん

©くもん出

1 ――の かんじの よみがなを かきましょう。（ひとつ 4てん）

①（　　）学校の にわ。

②（　　）かん字を かく。

③（　　）ちゅう文する。

④（　　）えいごを 学ぶ。

⑤（　　）町ないに すむ。

⑥（　　）文字を かく。

ちゅうい ここでは「もんじ」では ない よみかたを かく。

⑦（　　）あねは 学生だ。

⑧（　　）村ちょうの いえ。

2 ――の かんじの よみがなを かきましょう。（ひとつ 4てん）

①
（　　）森の 木。

（　　）山の 森林。

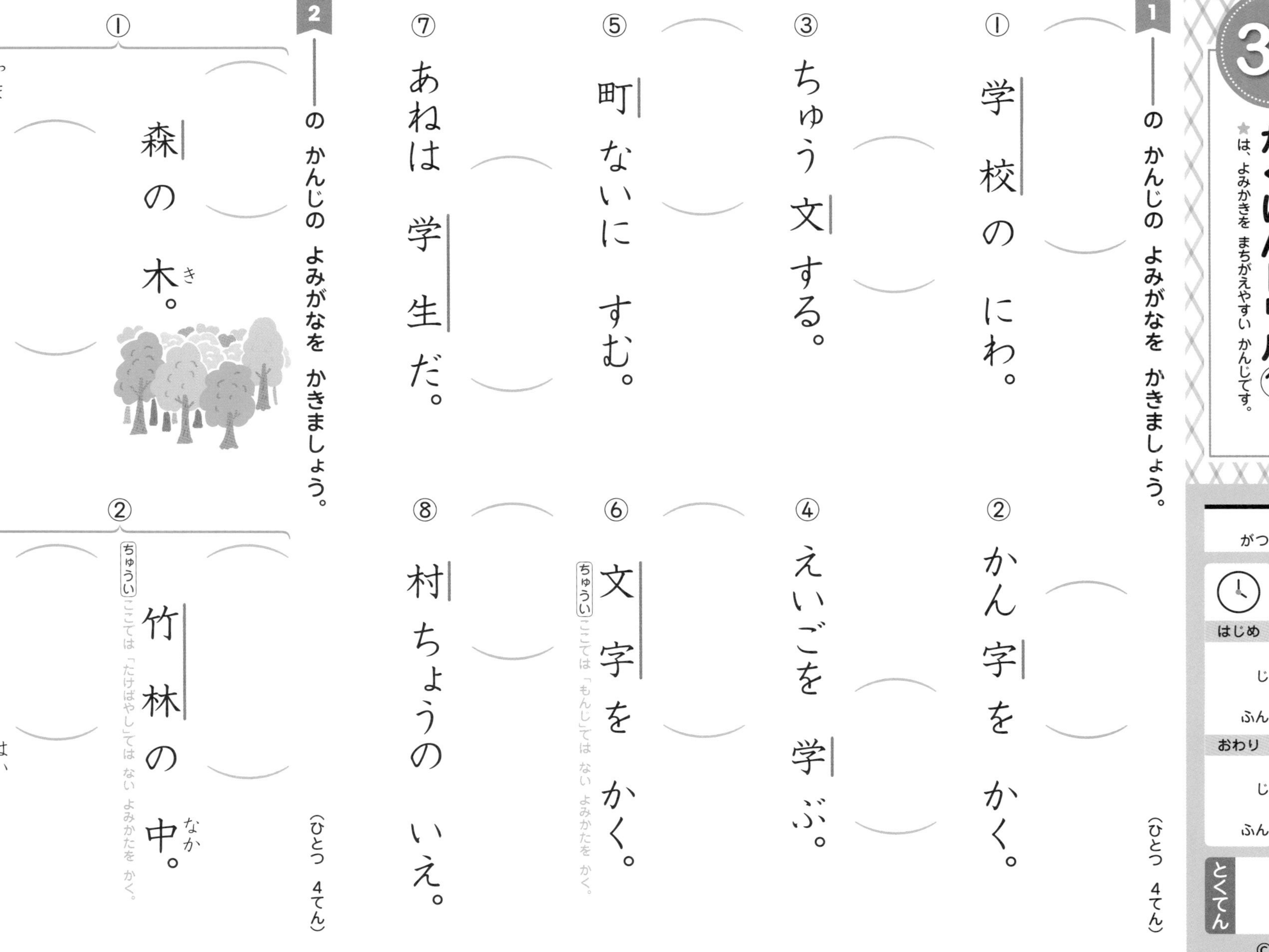

②
（　　）竹林の 中。

ちゅうい ここでは「たけばやし」では ない よみかたを かく。

（　　）林に 入る。

3 □に かんじを かきましょう。 （ひとつ ４てん）

① □（もり）が 見（み）える。

② □（そん）ちょうが きまる。

③ □（ちょう）ないの 人（ひと）。

④ 先生（せんせい）から □（まな）ぶ。

⑤ □（むら）の まん中（なか）。

⑥ 大（おお）きな みなと □（まち）。

⑦ ちゅう□（もん）する。

⑧ □（はやし）への みち。

⑨ 山（やま）の □□（しんりん）。

⑩ □□（もじ）を よむ。

⑪ さく□（ぶん）を かく。

⑫ あにの □□（がっこう）。

⑬ 中（ちゅう）□（がく）生（せい）に なる。

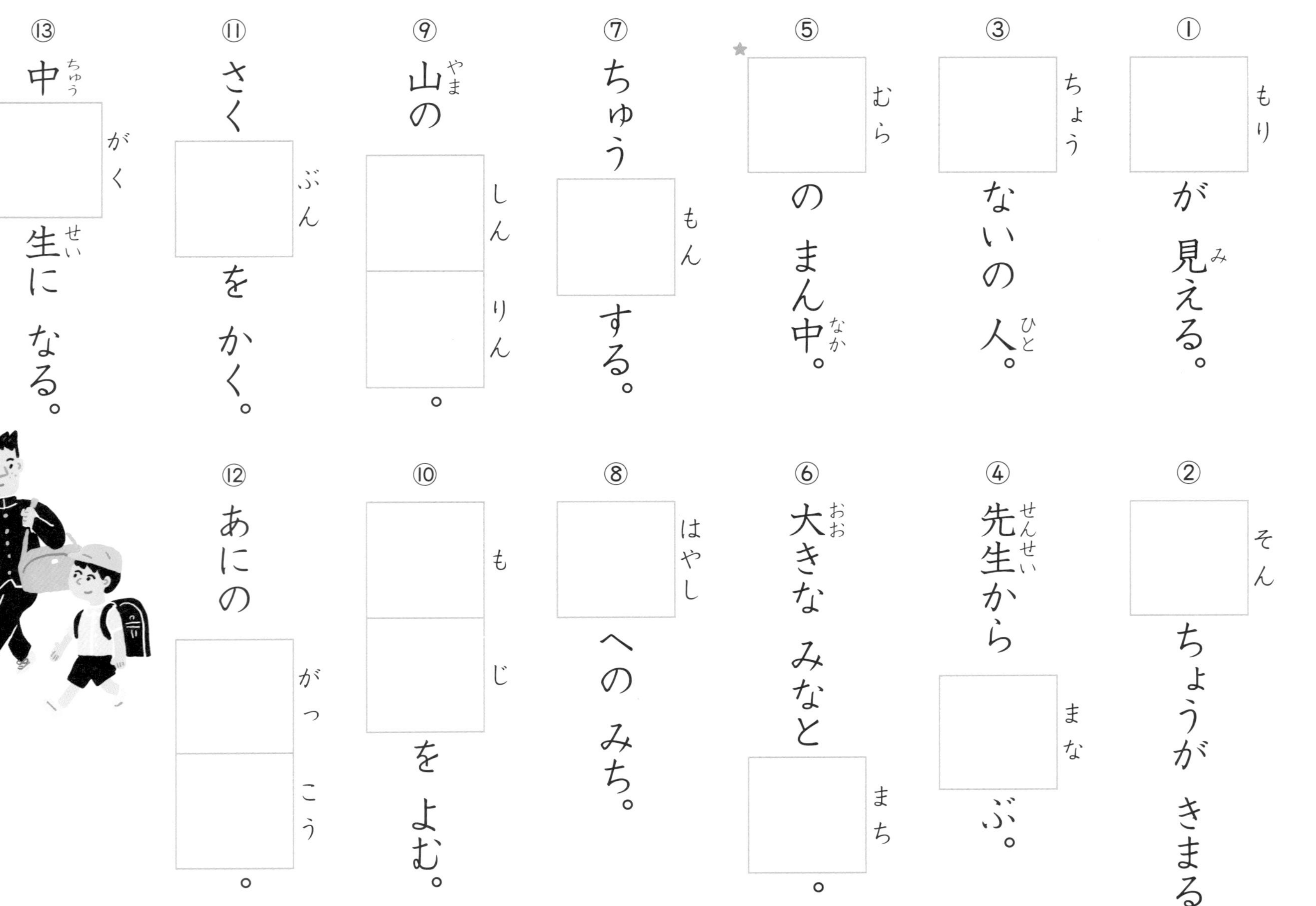

31 白・赤・青

がつ　にち
なまえ
はじめ　じ　ふん
おわり　じ　ふん
とくてん　てん
（1〜3は ぜんぶ かいて 30てん）

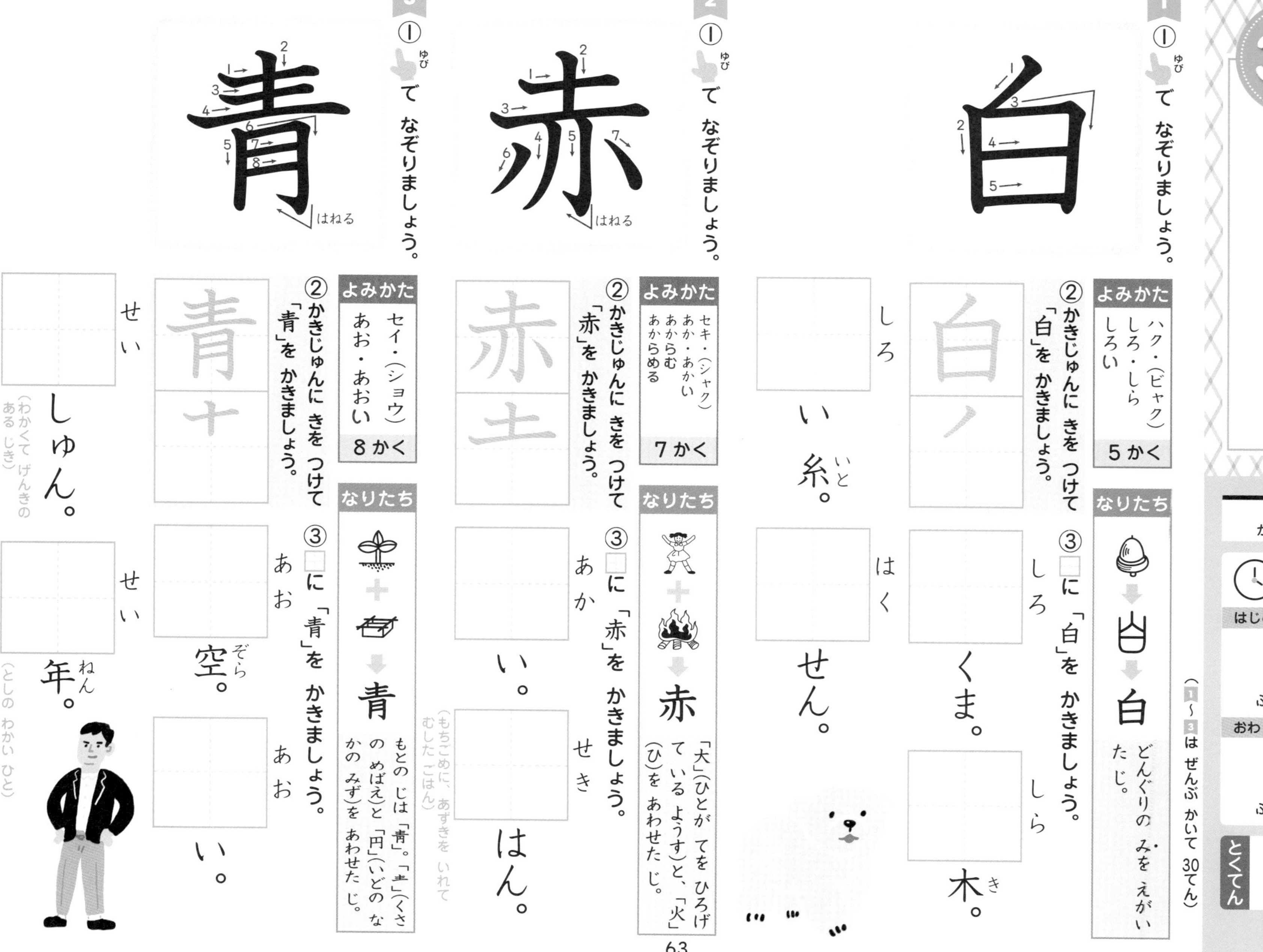

1

①ゆびで なぞりましょう。

白

はねる

よみかた
ハク・（ビャク）
しろ・しら
しろい
5かく

②かきじゅんに きを つけて「白」を かきましょう。

なりたち
どんぐりの みを えがいた じ。

③□に「白」を かきましょう。

しろくま。
しら木(き)。
しろい 糸(いと)。
はくせん。

2

①ゆびで なぞりましょう。

赤

はねる

よみかた
セキ・（シャク）
あか・あかい
あからむ
あからめる
7かく

②かきじゅんに きを つけて「赤」を かきましょう。

なりたち
「大」（ひとが てを ひろげて いる ようす）と、「火」（ひ）を あわせた じ。

③□に「赤」を かきましょう。

あかい。
せきはん。
（もちごめに、あずきを いれて むした ごはん）

3

①ゆびで なぞりましょう。

青

はねる

よみかた
セイ・（ショウ）
あお・あおい
8かく

②かきじゅんに きを つけて「青」を かきましょう。

なりたち
もとの じは「靑」。「龶」（くさの めばえ）と「円」（いどの なかの みず）を あわせた じ。

③□に「青」を かきましょう。

あお空(ぞら)。
あおい。
せいしゅん。
（わかくて げんきの ある じき）
せい年(ねん)。
（としの わかい ひと）

©くもん出

4 ――の かんじの よみがなを かきましょう。（ひとつ 5てん）

① 白木の いた。（　　）

ちゅうい ここでは「しろき」では ない よみかたを かく。

② 白い 花（はな）。（　　）

③ 白せんを ひく。（　　）

④ 赤い ふく。（　　）

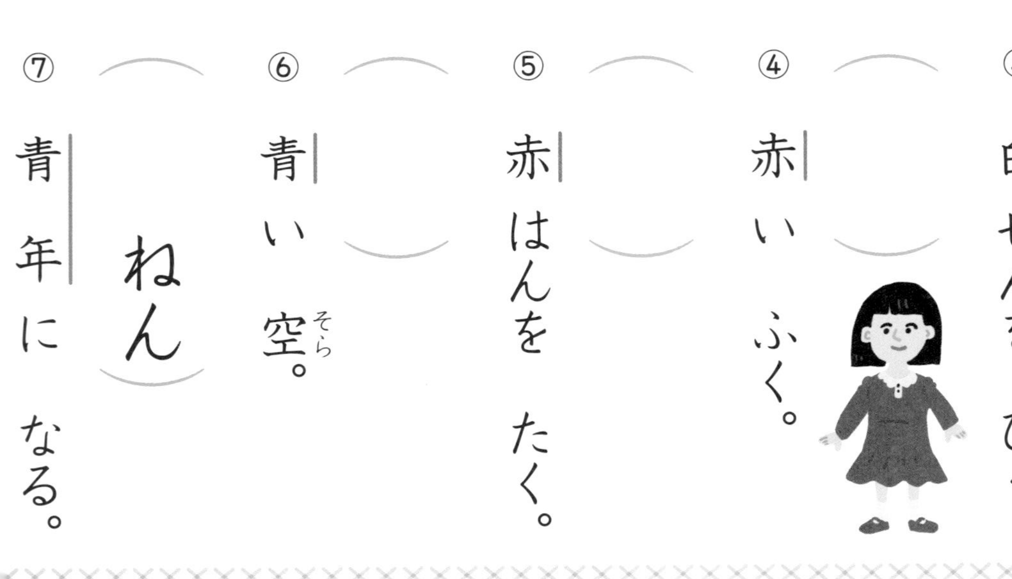

⑤ 赤はんを たく。（　　）

⑥ 青い 空（そら）。（　　）

⑦ 青年に なる。（ねん）

5 □に かんじを、（　）に ひらがなを かきましょう。（ひとつ 5てん）

① □（せき）はんを たべる。

② □（あお）（い） 車（くるま）。

③ □（しら）木（き）の たんす。

④ □（せい）年（ねん）が いる。

⑤ □（しろ）（い） チョーク。

⑥ □（はく）せんの うちがわ。

⑦ □（あか）（い） かばん。

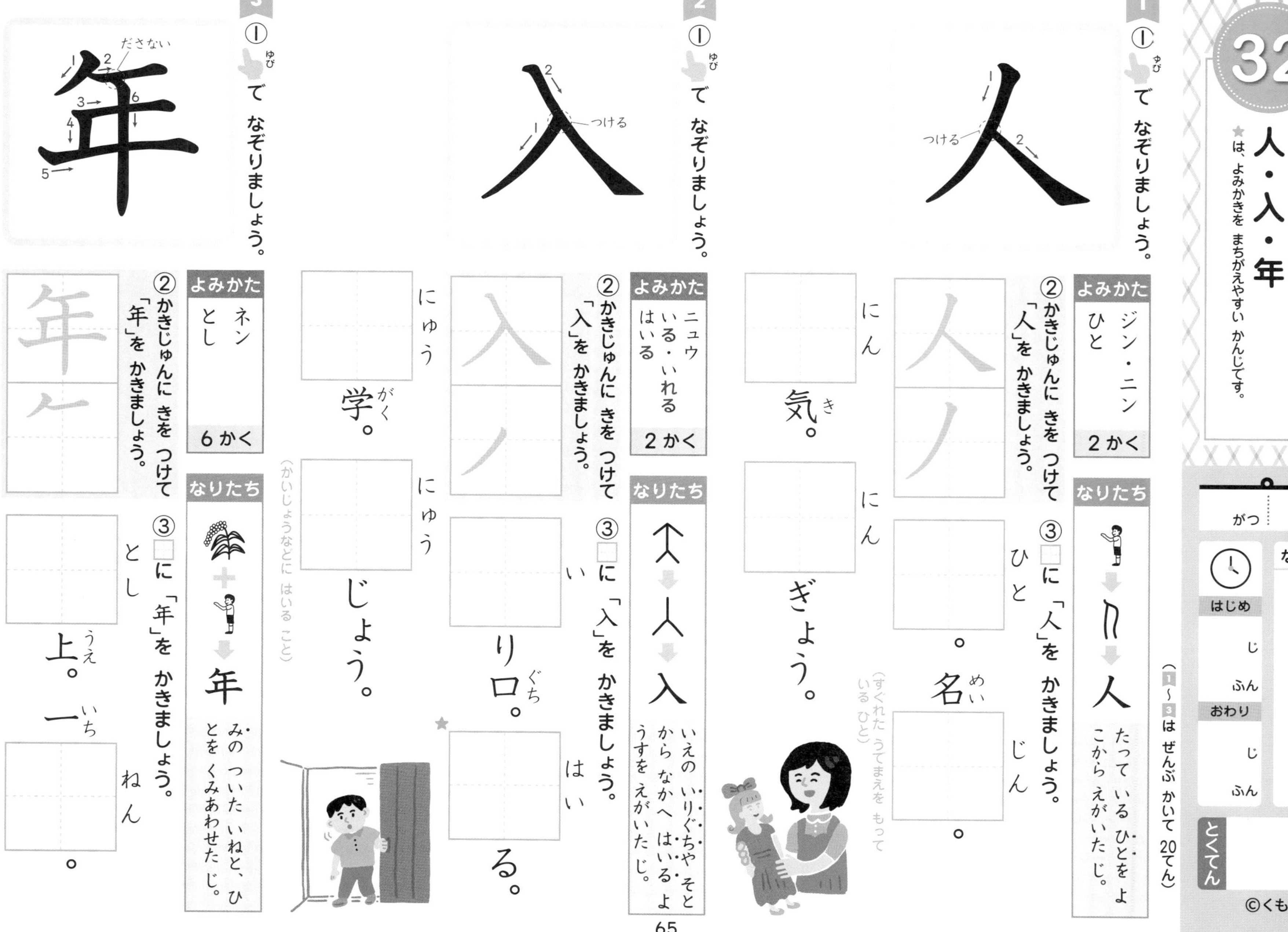

32 人・入・年

★は、よみかきを まちがえやすい かんじです。

（1〜3は ぜんぶ かいて 20てん）

がつ　にち　なまえ

はじめ　じ　ふん
おわり　じ　ふん

とくてん　てん

1

① ゆびで なぞりましょう。

人（1 2 つける）

よみかた：ジン・ニン　ひと　2かく

② かきじゅんに きを つけて「人」を かきましょう。

なりたち：人　たって いる ひとを よこから えがいた じ。

③ □に「人」を かきましょう。

（ひと）□。　名（めい）（じん）□。

（にん）□気（き）。　（にん）□ぎょう。

（すぐれた うでまえを もって いる ひと）

2

① ゆびで なぞりましょう。

入（1 2 つける）

よみかた：ニュウ　いる・いれる　はいる　2かく

② かきじゅんに きを つけて「入」を かきましょう。

なりたち：入　いえの いりぐちや そとから なかへ はいる ようすを えがいた じ。

③ □に「入」を かきましょう。

（い）□り口（ぐち）。　★（はい）□る。

（にゅう）□学（がく）。　（にゅう）□じょう。

（かいじょうなどに はいる こと）

3

① ゆびで なぞりましょう。

年（1 2 3 4 5 6 ださない）

よみかた：ネン　とし　6かく

② かきじゅんに きを つけて「年」を かきましょう。

なりたち：年　みの ついた いねと、ひとを くみあわせた じ。

③ □に「年」を かきましょう。

（とし）□上（うえ）。　一（いち）（ねん）□。

©くもん出

4 ―― の かんじの よみがなを かきましょう。（ひとつ　5てん）

① 人が　おおい。（　　）

② 名人の　わざ。（　　）

③ 人気もの。（　　）

④ 入り口（ぐち）の　まえ。（　　）

⑤ ふろに　入る。★（　　）

⑥ 入学する。（　　）

⑦ 年上の　人（ひと）。（　　）

⑧ 一年かん。（　　）

5 □に かんじを、（　）に ひらがなを かきましょう。（ひとつ　5てん）

① □（にゅう）学（がく）しきに　出（で）る。

② へやに　□（はい）（る）。★

③ 一（いち）□（ねん）が　すぎる。

④ □（ひと）が　あつまる。

⑤ □（い）り口（ぐち）に　立（た）つ。

⑥ けん玉（だま）の　名（めい）□（じん）。

⑦ □（にん）気（き）が　上（あ）がる。

⑧ 二（に）さい　□（とし）上（うえ）。

©くもん出版

33 かくにんドリル⑪

★は、よみかきを まちがえやすい かんじです。

がつ　にち　なまえ

はじめ　じ　ふん

おわり　じ　ふん

とくてん　てん

1 ——の かんじの よみがなを かきましょう。（ひとつ 4てん）

① 白い ボール。

② 入学した 日。

③ 名人の はなし。

④ 赤い ポスト。

⑤ へやに ★入る。

⑥ ふとい 白せん。

⑦ 赤はんを たべる。

⑧ 人気が 出る。

2 ——の かんじの よみがなを かきましょう。（ひとつ 4てん）

① 年上の 人。／一年まえ。

② 青年と あう。／青い うみ。

©くもん出

3 □に かんじを かきましょう。

（ひとつ 4てん）

① □（しら）木（き）の たんす。

② □（ひと）まえに 出（で）る。

③ □□（いちねん）生（せい）。

④ □□（にんき）の みせ。

⑤ □□（めいじん）わざ。

⑥ みせの □（い）り口（ぐち）。

⑦ へやに □（はい）る。

⑧ □（せき）はんを たく。

⑨ □（にん）ぎょう。

⑩ 三（さん）さい □□（としうえ）。

4 ――の ことばを かんじと ひらがなで かきましょう。

（ひとつ 4てん）

① あおい ペン。

② しろい ぼうし。

③ あかい 花（はな）。

©くもん出版

34 立・見・休

がつ　にち　なまえ

はじめ　じ　ふん　おわり　じ　ふん

とくてん　てん

©くもん出

（1〜3は ぜんぶ かいて 30てん）

1

①ゆびで なぞりましょう。

立

よみかた：リツ・（リュウ）　たつ・たてる　5かく

なりたち：ひとが てを ひろげて たって いる ようすを えがいた じ。

②かきじゅんに きを つけて「立」を かきましょう。

③□に「立」を かきましょう。

じめんに □(た)つ。

はたを □(た)てる。

き□(りつ)する。（せきから たちあがる）

2

①ゆびで なぞりましょう。

見

よみかた：ケン　みる・みえる　みせる　7かく

なりたち：「目」(め)と「儿」(ひと)を あわせた じ。

②かきじゅんに きを つけて「見」を かきましょう。

③□に「見」を かきましょう。

山(やま)が □(み)える。

はっ□(けん)。（しられて いない ことを はじめて みつけだす）

□(けん)学(がく)。（そこへ みに いって まなぶ こと）

3

①ゆびで なぞりましょう。

休

よみかた：キュウ　やすむ・やすまる　やすめる　6かく

なりたち：「亻」(ひと)と「木」(き)を あわせた じ。

②かきじゅんに きを つけて「休」を かきましょう。

③□に「休」を かきましょう。

□(やす)む。

□(きゅう)日(じつ)。（しごとや がっこうが やすみの ひ）

4 ——の かんじの よみがなを かきましょう。（ひとつ 5てん）

① 人(ひと)が 立つ。（　　）
② き立する。（　　）
③ テレビを 見る。（　　）
④ うみが 見える。（　　）
⑤ 見学に いく。（　　）
⑥ 一日(いちにち) 休む。（　　）
⑦ 休日に なる。（　　）

5 □に かんじを、（　）に ひらがなを かきましょう。（ひとつ 5てん）

① さかなを □(み)る。
② じめんに □(た)つ。
③ 学校(がっこう)を □(やす)（む）。
④ こうじょう □□(けんがく)。（学）
⑤ みんなで き □(りつ) する。
⑥ □□(きゅうじつ)（日） に あそぶ。
⑦ 町(まち)が □(み)（える）。

35 出・早・正

がつ　にち　なまえ

はじめ　じ　ふん
おわり　じ　ふん

とくてん　てん

（1～3は ぜんぶ かいて 28てん）

1

① ゆびで なぞりましょう。

出（だささない　ひつじゅん 1～5）

よみかた
シュツ・（スイ）
でる・だす
5かく

なりたち
出
いっぽんの せんから、あしが でて いる かたちを えがいた じ。

② かきじゅんに きを つけて「出」を かきましょう。

③ □に「出」を かきましょう。

そとに □(で)る。

手(て)がみを □(だ)す。

□(しゅつ)じょう。
（きょうぎや もよおしに でる こと）

2

① ゆびで なぞりましょう。

早（ながく　ひつじゅん 1～6）

よみかた
ソウ・（サッ）
はやい・はやまる
はやめる
6かく

なりたち
早
くぬぎなどの みを えがいた じ。

② かきじゅんに きを つけて「早」を かきましょう。

③ □に「早」を かきましょう。

□(はや)い。

□(そう)たい。
（きまった じかんより はやく かえる こと）

3

① ゆびで なぞりましょう。

正（だささない　ひつじゅん 1～5）

よみかた
セイ・ショウ
ただしい
ただす・まさ
5かく

なりたち
正
「止」（あし）と「一」（めざす ところ）を あわせた じ。

② かきじゅんに きを つけて「正」を かきましょう。

③ □に「正」を かきましょう。

□(ただ)しい。

□(まさ)ゆめ。
（ゆめに みた ことが ほんとうに なる ゆめ）

□(せい)もん。
（たてものの しょうめんに ある もん）

□(しょう)月(がつ)。

©くもん出

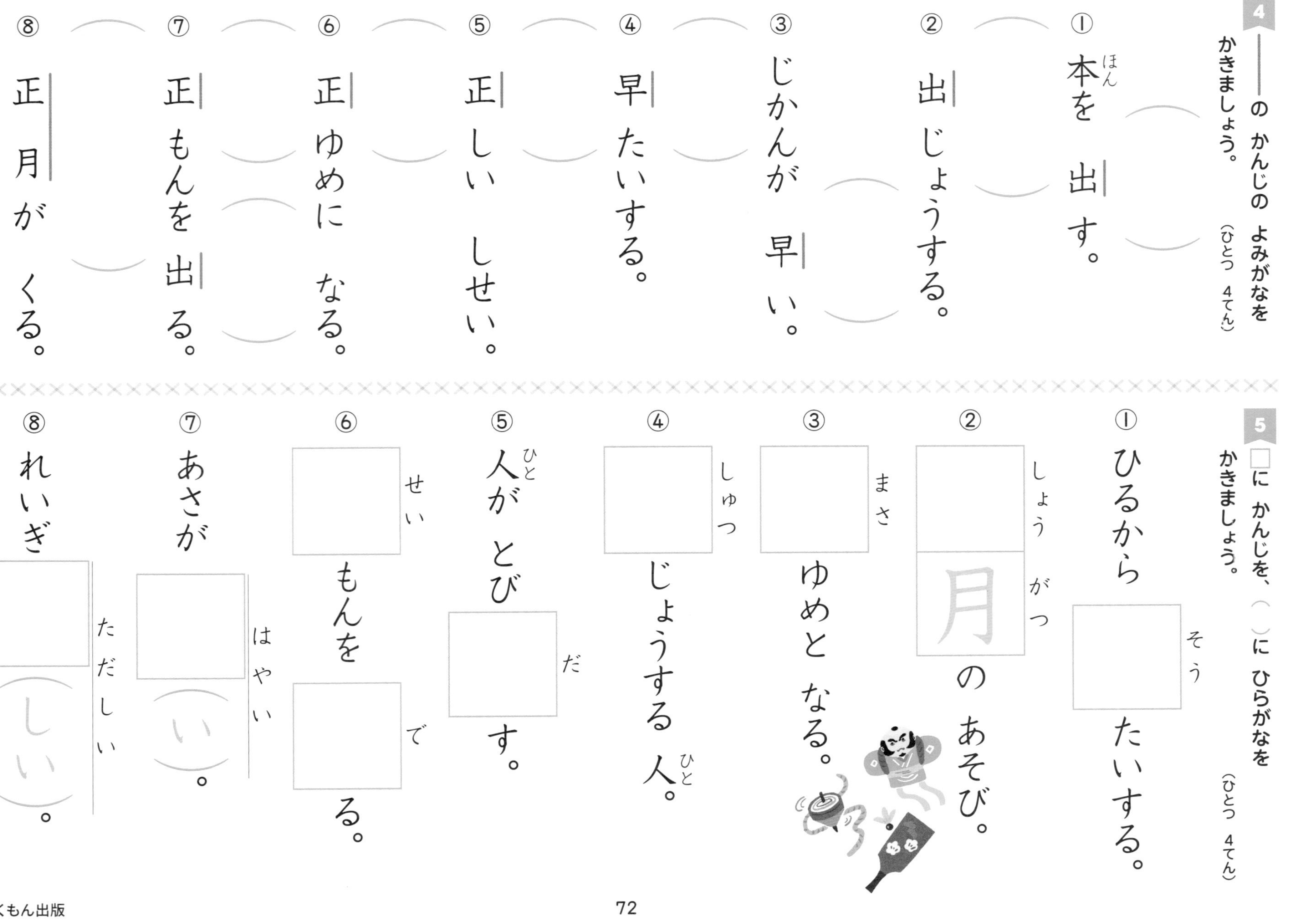

4 ——の かんじの よみがなを かきましょう。（ひとつ 4てん）

① 本(ほん)を　出す。（　）

② 出じょうする。（　）

③ じかんが　早い。（　）

④ 早たいする。（　）

⑤ 正しい　しせい。（　）

⑥ 正ゆめに　なる。（　）

⑦ 正もんを　出る。（　）（　）

⑧ 正月が　くる。（　）

5 □に かんじを、（　）に ひらがなを かきましょう。（ひとつ 4てん）

① ひるから □(そう)たいする。

② □(しょう)月(がつ)の あそび。

③ □(まさ)ゆめと なる。

④ □(しゅつ)じょうする 人(ひと)。

⑤ 人(ひと)が とび□(だ)す。

⑥ □(せい)もんを □(で)る。

⑦ あさが □(はや)（い）。

⑧ れいぎ □(ただ)（しい）。

くもん出版

36 かくにんドリル⑫

がつ　にち　なまえ
はじめ　じ　ふん　おわり　じ　ふん
とくてん　てん

1 ——の かんじの よみがなを かきましょう。（ひとつ 4てん）

① 早い じかん。（　）

② 正ゆめに なる。（　）

③ 出じょうする。（　）

④ いえを 出る。（　）

⑤ 学校（がっこう）の 正もん。（　）

⑥ 学校（がっこう）を 早たいする。（　）

⑦ 休日の よてい。（　）

⑧ 正月の ようい。（　）

2 ——の かんじの よみがなを かきましょう。（ひとつ 4てん）

① 見学する。（　）
ほしが 見える。（　）

② き立する。（　）
はらが 立つ。（　）

©くもん出版

3 □に かんじを かきましょう。（ひとつ 4てん）

① そとに □(で)る。

② 学校(がっこう)を □(そう)たいする。

③ き□(りつ)する。

④ 手(て)がみを □(だ)す。

⑤ 月(つき)を □(み)る。

⑥ かどで □(た)ちどまる。

⑦ □(しゅつ)じょうする。

⑧ みせの □□(きゅうじつ)。

⑨ はっ□(けん)する。

⑩ □□(しょうがつ)の花(はな)。

4 ―の ことばを かんじと ひらがなで かきましょう。（ひとつ 4てん）

① へやで やすむ。 □

② ただしい こたえ。 □

③ おきるのが はやい。 □

37 糸・金・音

がつ　にち　なまえ

はじめ　じ　ふん　おわり　じ　ふん

とくてん　てん

（1～3は ぜんぶ かいて 20てん）

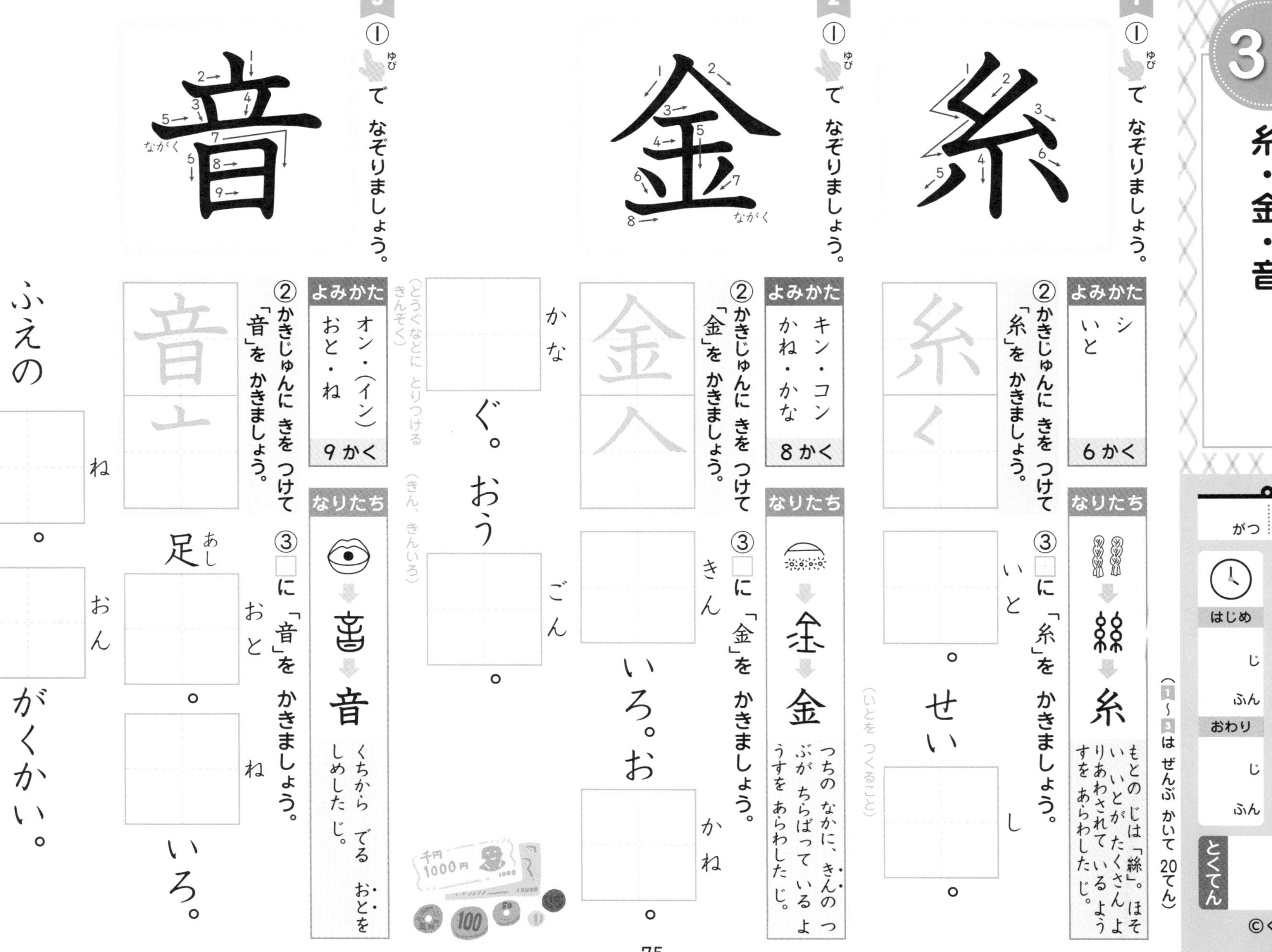

1

① ゆびで なぞりましょう。

糸

よみかた：シ　いと　6かく

なりたち：もとの じは「絲」。ほそい いとが たくさん よりあわされて いる ようすを あらわした じ。

② かきじゅんに きを つけて「糸」を かきましょう。

③ □に「糸」を かきましょう。

（いと）□。

せい（し）□。

（いとを つくること）

2

① ゆびで なぞりましょう。

金

よみかた：キン・コン　かね・かな　8かく

なりたち：つちの なかに、きんの つぶが ちらばって いる ようすを あらわした じ。

② かきじゅんに きを つけて「金」を かきましょう。

③ □に「金」を かきましょう。

（きん）□いろ。

お（かね）□。

（かな）□ぐ。

おう（ごん）□。

（とうぐなどに とりつける きんぞく）

（きん、きんいろ）

3

① ゆびで なぞりましょう。

音

よみかた：オン・（イン）　おと・ね　9かく

なりたち：くちから でる おとを しめした じ。

② かきじゅんに きを つけて「音」を かきましょう。

③ □に「音」を かきましょう。

足（あし）（おと）□。

（ね）□いろ。

ふえの（ね）□。

（おん）□がくかい。

©くもん出

4 ―のかんじの よみがなを かきましょう。（ひとつ 5てん）

① け糸で あむ。（　）

② お金を 出す。（　）

③ かばんの 金ぐ。（　）

④ 金いろの 糸。（　）（　）

⑤ 足音が する。（　）

⑥ ふえの 音いろ。（　）

⑦ 音がくを きく。（　）

5 □に かんじを かきましょう。（ひとつ 5てん）

① □（かな）ぐを つける。

② □（おん）がくの じかん。

③ け□（いと）の セーター。

④ 足（あし）□（おと）が きこえる。

⑤ □（きん）いろの □（いと）。

⑥ お□（かね）を はらう。

⑦ ピアノの □（ね）いろ。

空・雨

がつ　にち

なまえ

はじめ　じ　ふん

おわり　じ　ふん

とくてん　てん

（1・2は ぜんぶ かいて 30てん）

1

① ゆびで なぞりましょう。

空（まげる）

よみかた
クウ
そら・あく
あける・から
8かく

② かきじゅんに きを つけて「空」を かきましょう。

なりたち
「穴」（あな）と「工」（いたに あなを つきぬいた かたち）を あわせた じ。

③ □に「空」を かきましょう。

青（あお）い □（そら）。

せきが □（あ）く。

□（あ）きかん。

□（から）っぽの はこ。

□（くう）気（き）を すう。

2

① ゆびで なぞりましょう。

雨（はねる）

よみかた
ウ
あめ・あま
8かく

② かきじゅんに きを つけて「雨」を かきましょう。

なりたち
そらから ふって くる あめの ようすを えがいた じ。

③ □に「雨」を かきましょう。

□（あめ）が ふる。

□（あま）ど。

□（あま）水（みず）。

□（う）天（てん）。（あめふり）

©くもん出

3 ——のかんじのよみがなをかきましょう。（ひとつ 5てん）

① 空を見上(みあ)げる。（　　）

② へやが空く。（　　）

③ 空っぽのはこ。（　　）

④ 空気をすう。（　　）

⑤ 雨の一日(いちにち)。（　　）

⑥ 雨どをあける。（　　）

⑦ 雨天になる。（　　）

4 □にかんじをかきましょう。（ひとつ 5てん）

① □(あま)どをしめる。

② □(そら)にうかぶくも。

③ □(あめ)がふりつづく。

④ せきが□(あ)く。

⑤ □(う)天(てん)のばあい。

⑥ □(から)っぽになる。

⑦ きれいな□(くう)気(き)。

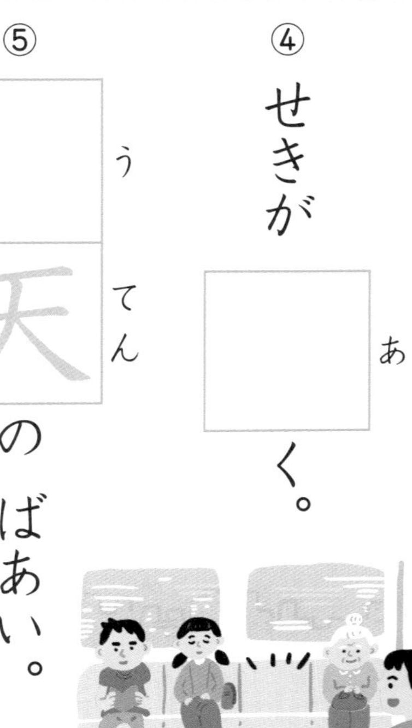

くもん出版

39 かくにんドリル⑬

がつ　にち

なまえ

はじめ　じ　ふん
おわり　じ　ふん

とくてん　てん

©くもん出

1 ——の　かんじの　よみがなを　かきましょう。（ひとつ　4てん）

① お金を　もらう。

② どしゃぶりの　雨。

③ 山（やま）の　空気。

④ がっきの　音いろ。

⑤ け糸で　あむ。

⑥ 金いろに　ひかる。

⑦ ベルトの　金ぐ。

⑧ せきが　空く。

2 ——の　かんじの　よみがなを　かきましょう。（ひとつ　4てん）

① 青（あお）い　空。
　 空っぽに　なる。

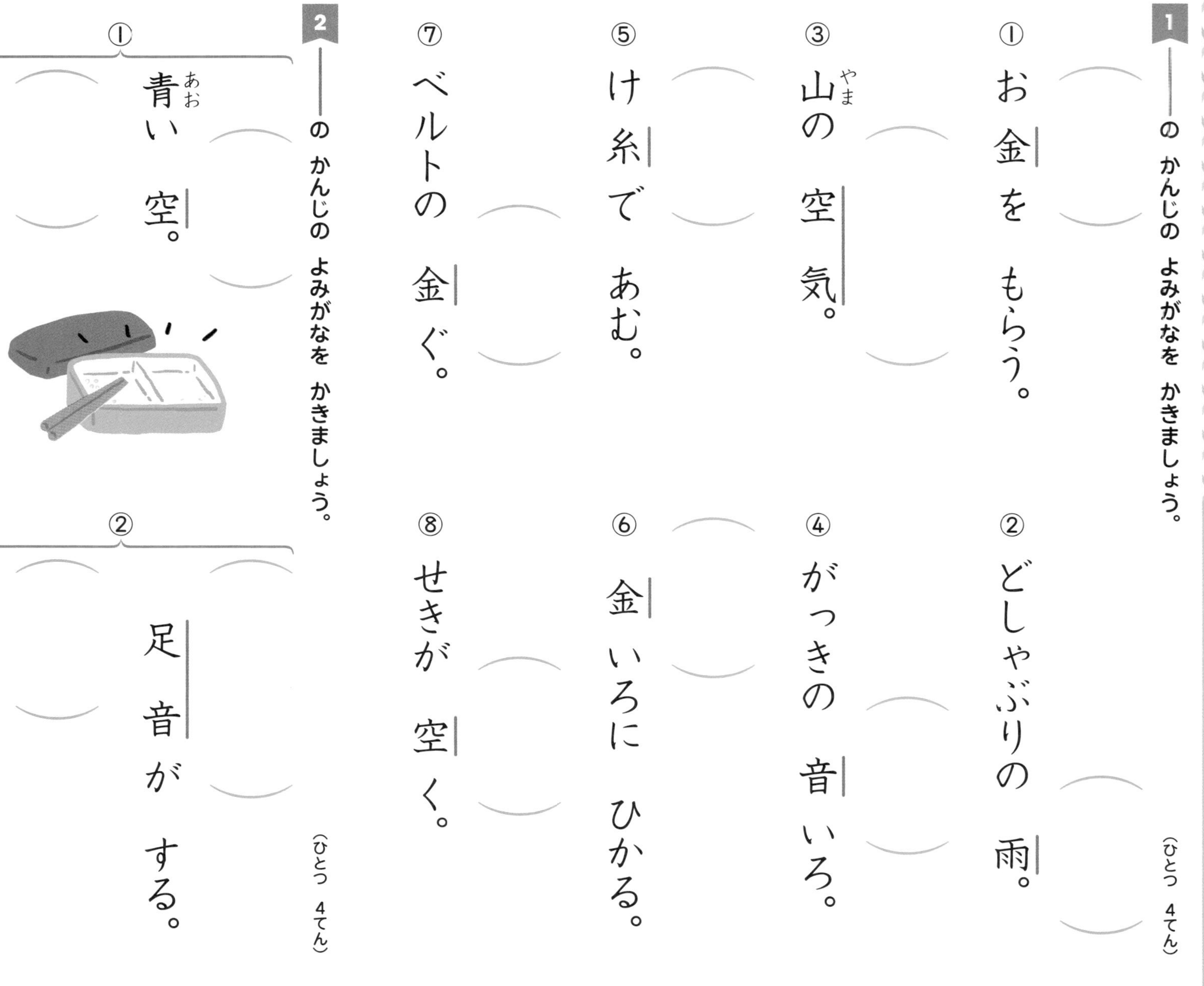

② 足音が　する。
　 音がくかい。

3 □に かんじを かきましょう。 （ひとつ 4てん）

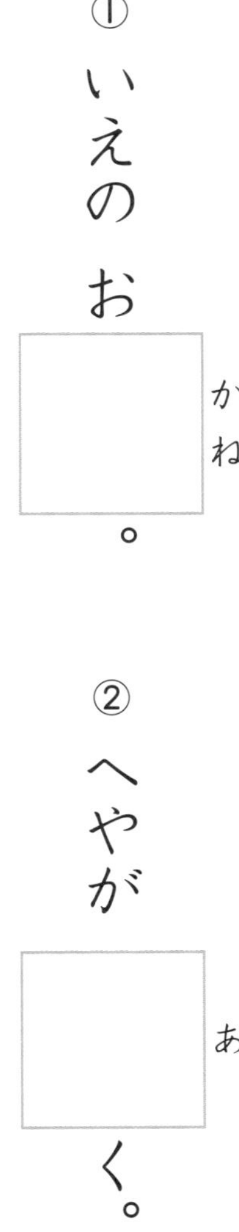

① いえの お□（かね）。

② へやが □（あ）く。

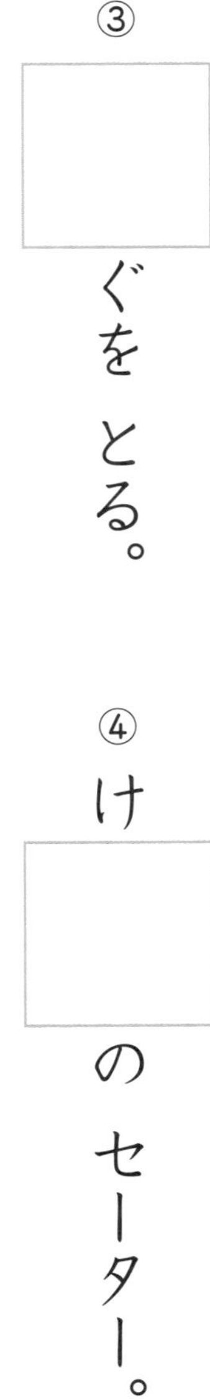

③ □（かな）ぐを とる。

④ け□（いと）の セーター。

⑤ □（から）の びん。

⑥ □（あめ）のち、はれ。

⑦ □（あま）どを ひく。

⑧ □（きん）メダル。

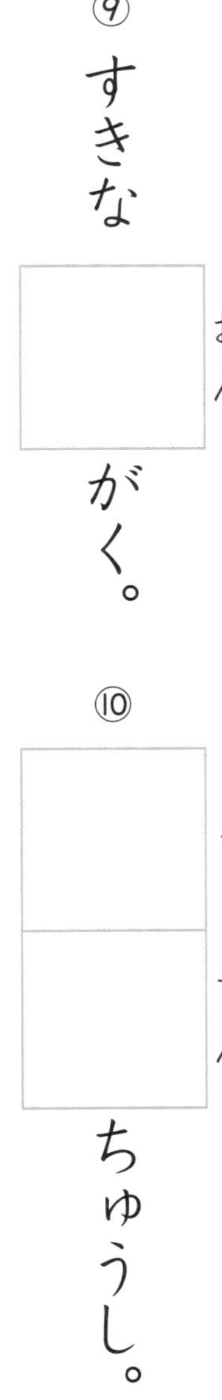

⑨ すきな □（おん）がく。

⑩ □（う）□（てん）ちゅうし。

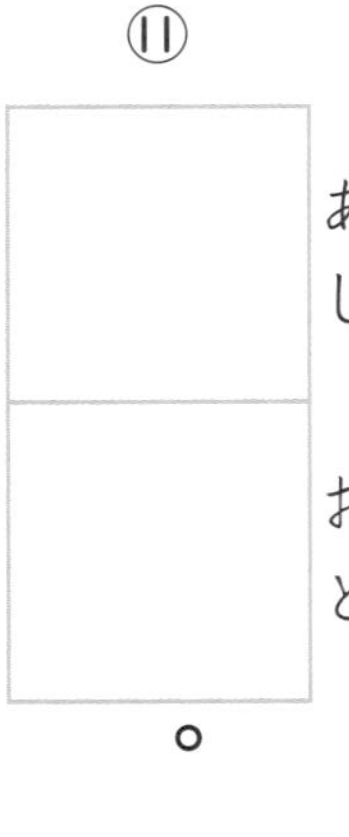

⑪ □（あし）□（おと）。

⑫ □（くう）□（き）を すう。

⑬ ふえの □（ね）。

くもん出版

40 まちがえやすい かんじ①

★は、よみかたを まちがえやすい かんじです。

がつ にち

なまえ

はじめ じ ふん

おわり じ ふん

とくてん てん

©くもん出版

1 ——の かんじの よみがなを かきましょう。（ひとつ 4てん）

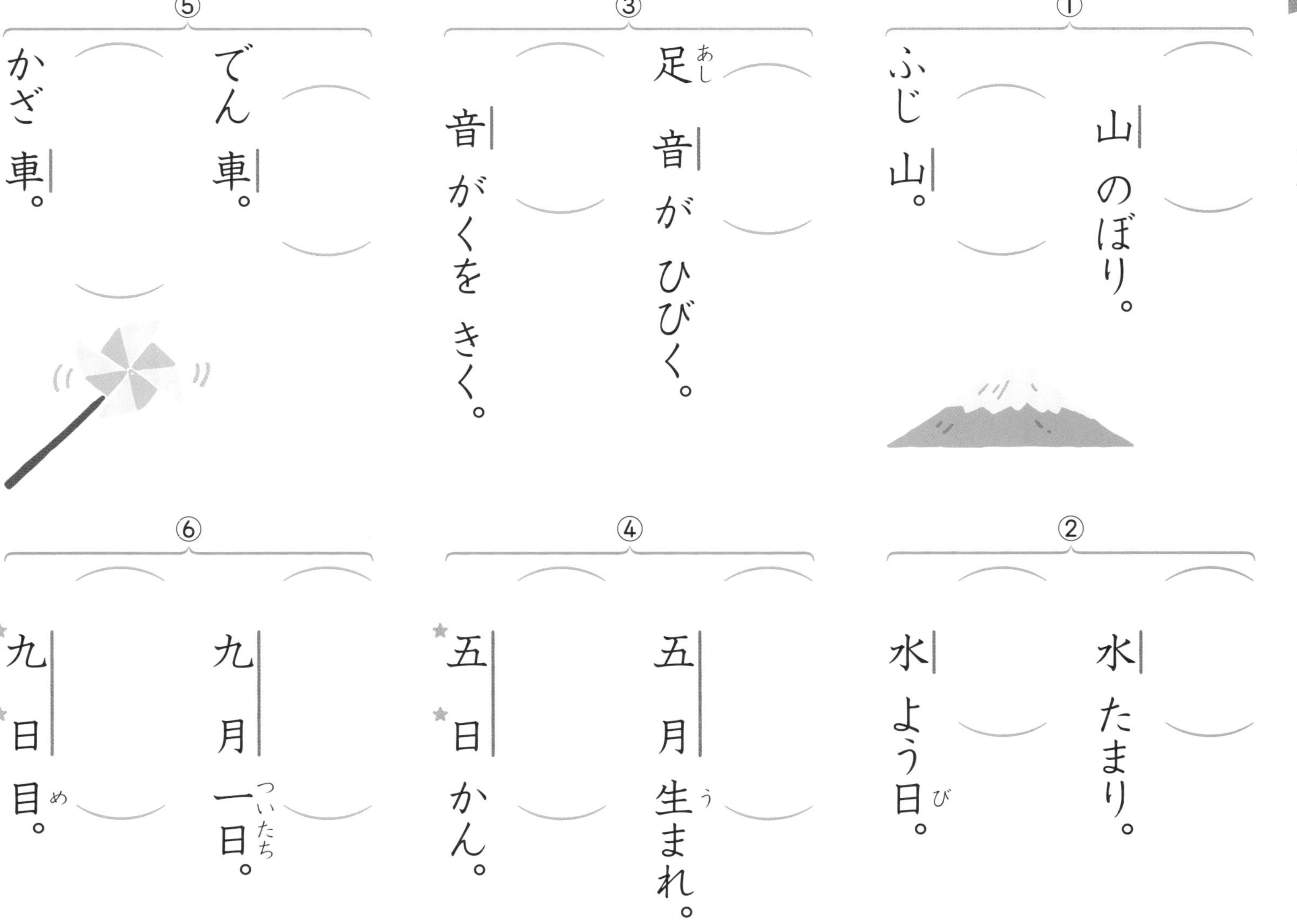

① 山のぼり。（　　）
ふじ山。（　　）

② 水たまり。（　　）
水よう日(び)。（　　）

③ 足(あし)音が ひびく。（　　）
音がくを きく。（　　）

④ 五月生(う)まれ。（　　）（　　）
★五★日かん。（　　）（　　）

⑤ でん車。（　　）
かざ車。（　　）

⑥ 九月一日(ついたち)。（　　）（　　）
★九★日目(め)。（　　）（　　）

2 かたちに　きを　つけて、□に　かんじを　かきましょう。

（ひとつ　4てん）

①
- □（おう）さま。
- ビー□（だま）。

②
- □（みぎ）手（て）で　もつ。
- □（ひだり）足（あし）で　ける。

③
- かん□（じ）。
- 小（しょう）□（がく）生（せい）。

④
- □（にん）気（き）もの。
- ★へやに　□（はい）る。

⑤
- □（おお）きな　木（き）。
- ★□（いぬ）小（ご）や。

⑥
- □（はやし）の　中（なか）。
- ★□（むら）まつり。
- しん□（こう）しゃ。

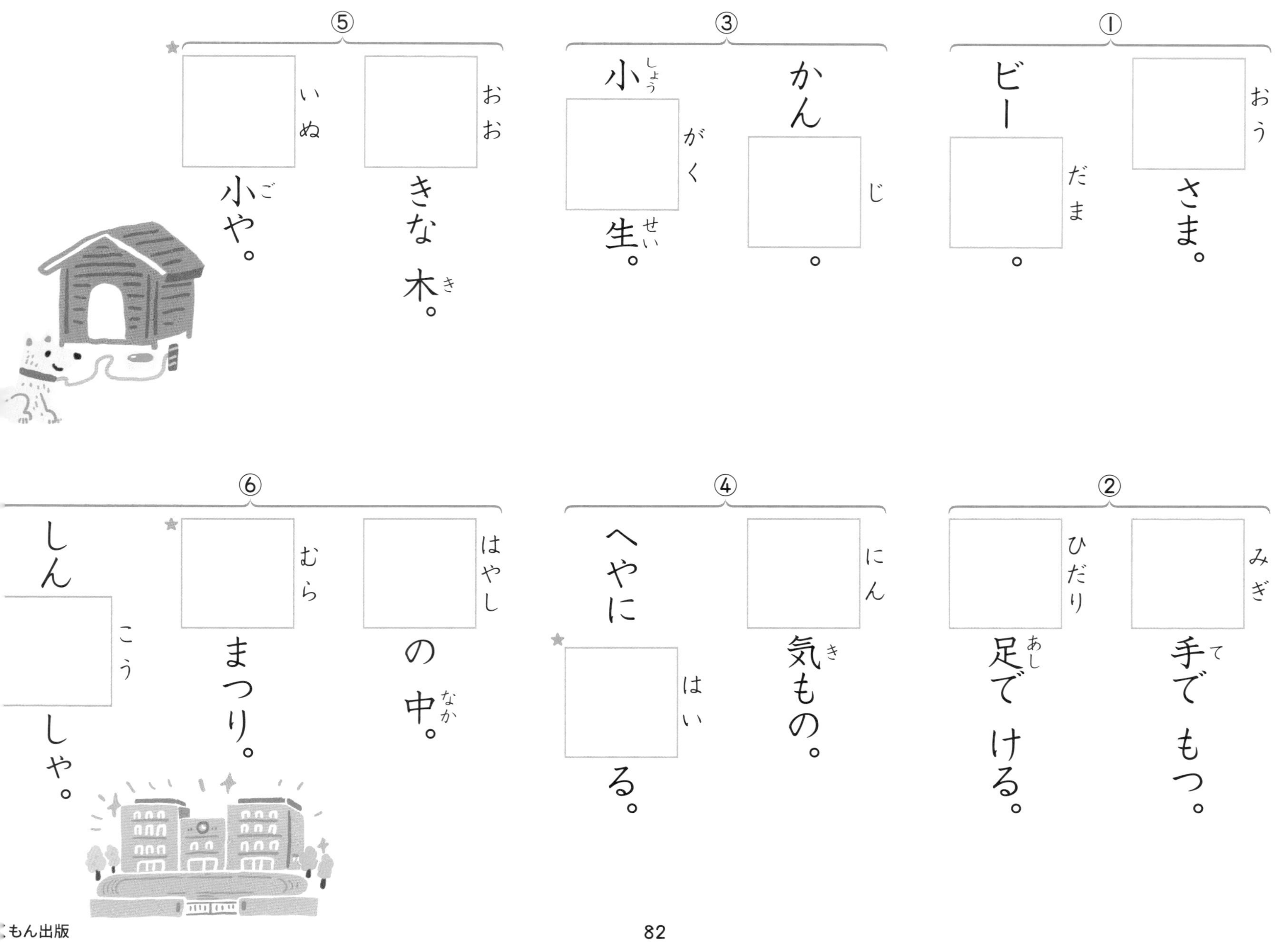

くもん出版

41 まちがえやすい かんじ②

★は、よみかたを まちがえやすい かんじです。

©くもん出版

1 ――の かんじの よみがなを かきましょう。（ひとつ 4てん）

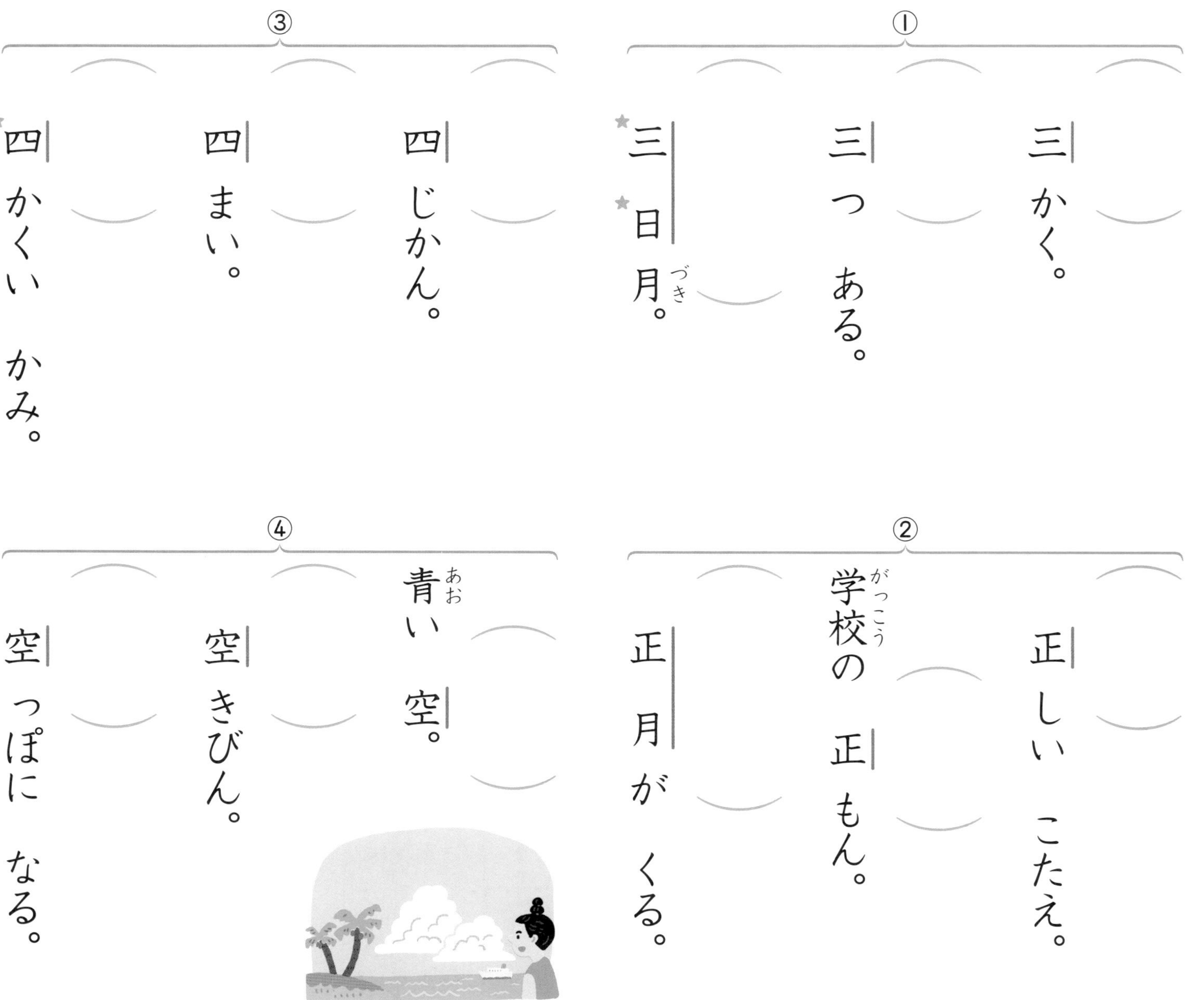

①
- 三かく。（　）
- 三つ ある。（　）
- ★三★日月（づき）。（　）（　）

②
- 正しい こたえ。（　）
- 学校（がっこう）の 正もん。（　）
- 正月が くる。（　）

③
- 四じかん。（　）
- 四まい。（　）
- ★四かくい かみ。（　）

④
- 青（あお）い 空。（　）
- 空きびん。（　）
- 空っぽに なる。（　）

2 □の　よみかたを　する　かんじを　□に　かきましょう。（ひとつ　4てん）

① さん
- ふじ□。
- □かく。

② し
- 男(だん)□トイレ。
- ★□かく。

③ せん
- 円(えん)□さつ。
- □生(せい)。

④ せい
- 中学(ちゅうがく)□。
- □もん。

⑤ ちゅう
- こん□。
- 水(すい)□めがね。

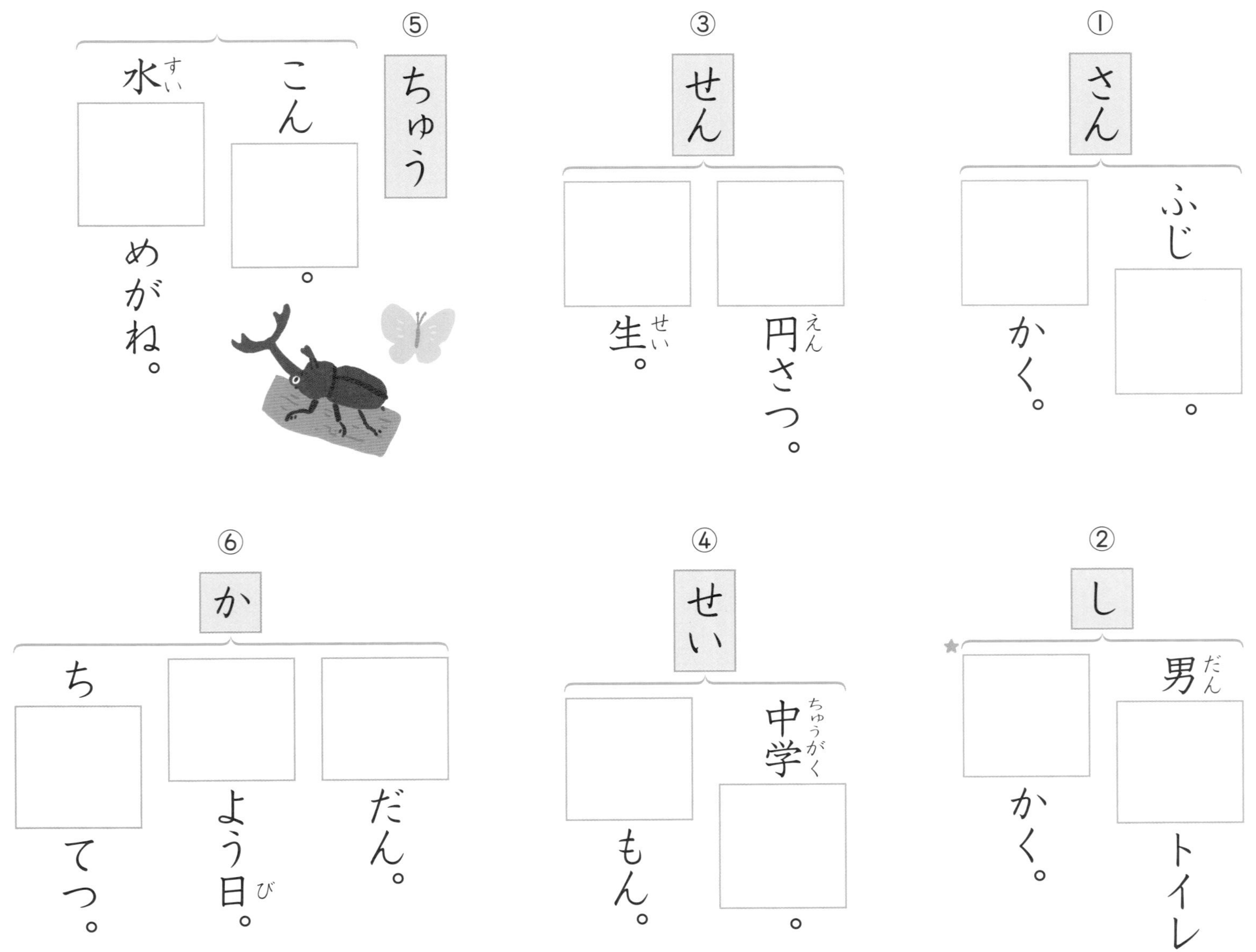

⑥ か
- □だん。
- □よう日(び)。
- ち□てつ。

くもん出版

42 1年生の しんだんテスト①

★は、よみかたを まちがえやすい かんじです。

がつ　にち　なまえ

はじめ　じ　ふん　おわり　じ　ふん　とくてん　てん

1 ——の かんじの よみがなを かきましょう。（ひとつ 4てん）

① 目じるし。（　　）

② 川の ながれ。（　　）

③ 山に のぼる。（　　）

④ 赤(あか)い 口べに。（　　）

⑤ 二つ ある。（　　）

⑥ 木よう日(び)の あさ。（　　）

⑦ 土を ほる。（　　）

⑧ 四★日まえの こと。（　　）

⑨ ★五つの 子(こ)。（　　）

⑩ 水どうの じゃ口(ぐち)。（　　）

⑪ 力が つよい。（　　）

⑫ 六月の はじめ。（　　）

©くもん出版

2 □に かんじを かきましょう。（ひとつ 4てん）

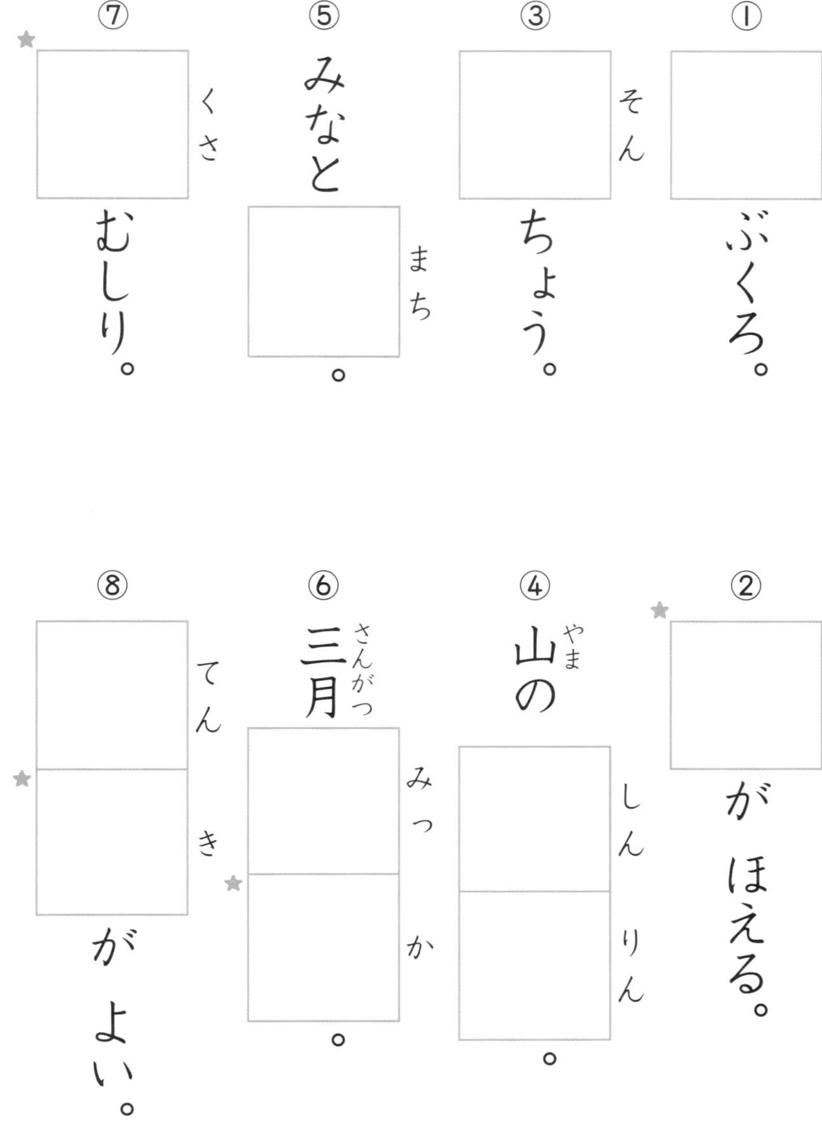

① □（て）ぶくろ。

② □（いぬ）が ほえる。

③ □（そん）ちょう。

④ 山（やま）の □□（しんりん）。

⑤ みなと □（まち）。

⑥ 三月（さんがつ）□□（みっか）。

⑦ □（くさ）むしり。

⑧ □□（てんき）が よい。

3 ――の ことばを かんじと ひらがなで かきましょう。（ひとつ 5てん）

① ひげが はえる。

② かん字（じ）を まなぶ。

③ あかい くつ。

④ おおきい はこ。

43 1年生の しんだんテスト②

★は、よみかきを まちがえやすい かんじです。

がつ　にち　なまえ

はじめ　じ　ふん　おわり　じ　ふん

とくてん　てん

©くもん出

1 ――の かんじの よみがなを かきましょう。（ひとつ 4てん）

① 夕がたに なる。（　　）

② ねん土を ねる。（　　）

③ 女の 人（ひと）。（　　）

④ 子どもの こえ。（　　）

⑤ 名まえを かく。（　　）

⑥ 赤い リボン。（　　）

⑦ 男の 子（こ）。（　　）

⑧ 文字を かく。（　　）

ちゅうい ここでは「もんじ」では ない よみかたを かく。

⑨ 休みの 日（ひ）。（　　）

⑩ 十年まえの こと。（　　）

⑪ 千円さつ。（　　）

⑫ 七五三を いわう。（　　）

2 □に かんじを かきましょう。（ひとつ 4てん）

①［ひと］つとる。

②ふろに［はい］る。

③［しろ］い花（はな）。

④［くうき］をすう。

⑤そとを［み］る。

⑥あるく［あしおと］。

⑦［むら］まつり。

⑧五月（ごがつ）［いつか］。

3 ――の ことばを かんじと ひらがなで かきましょう。（ひとつ 5てん）

① あおい 空（そら）。

② けむりが のぼる。

③ うでを さげる。

④ ここのつの ボール。

くもん出版

44 1年生の しんだんテスト③

★は、よみかきを まちがえやすい かんじです。

がつ　にち　なまえ

はじめ　じ　ふん　おわり　じ　ふん

とくてん　てん

©くもん出

1 ――の かんじの よみがなを かきましょう。（ひとつ 4てん）

① 竹やぶに 入(はい)る。（　　）

② きれいな 貝がら。（　　）

③ 早く かえる。（　　）

④ 本だなに しまう。（　　）

⑤ ふとい け糸。（　　）

⑥ たのしい 音がく。（　　）

⑦ 雨が ふる。（　　）

⑧ 先生の おはなし。（　　）

⑨ じめんに 立つ。（　　）

⑩ 花火を 見(み)上(あ)げる。（　　）

⑪ じどう車。（　　）

⑫ 中学校に ちかい。（　　）

2 □に かんじを かきましょう。（ひとつ 4てん）

① □(にん) ぎょう。

② □(みみ) が つめたい。

③ □(きん) メダル。

④ □□(いちねん) まえ。

⑤ そとに □(で) る。

⑥ □□□(みかづき)。

⑦ □(むし) かご。

⑧ □□□(ひゃくえんだま)。

3 ――の ことばを かんじと ひらがなで かきましょう。（ひとつ 5てん）

① ベンチで やすむ。

② ちいさい 花(はな)。

③ 赤(あか)ちゃんが うまれる。

④ ただしい こたえ。

くもん出版

こたえ

- 〈 〉は、まだ がくしゅうして いない かんじです。
- 「かんじの れんしゅう」の おもてページ 1～3（1・2、1～4）は、こたえを はぶいて います。
- 1ねんせいまでに ならわない かんじや よみかたは、こたえと して あつかって いません。

1 川・山・木 3・4ページ

4 ①かわ ②やま ③さん ④き
⑤こ ⑥〈たい〉ぼく ⑦もく

5 ①木 ②〈大〉木 ③木 ④川
⑤山 ⑥木 ⑦山

2 日・月・火 5・6ページ

4 ①〈みっ〉か ②にち
③〈きゅう〉じつ ④つきひ
⑤げつ ⑥〈ろく〉がつ ⑦ひ
⑧か

5 ①火 ②〈休〉日 ③火 ④〈三〉日
⑤月日 ⑥日 ⑦月 ⑧〈六〉月

3 かくにんドリル① 7・8ページ

1 ①かわ ②き ③げつ ④じつ
⑤こ ⑥がつ ⑦か ⑧ぼく

2 ①{ひ / か} ②{さん / やま}

3 ①火 ②木 ③川 ④日 ⑤月
⑥山 ⑦日 ⑧山 ⑨木 ⑩日
⑪火 ⑫木 ⑬月日

ポイント

1 ④「休日」「さく日」や ⑦「三日」「四日」のような つかいかたで おぼえましょう。

4 田・水・石 9・10ページ

4 ①た ②すいでん ③みず
④すい ⑤いし ⑥せき
⑦しゃく

5 ①石 ②石 ③田 ④石
⑤水田 ⑥水 ⑦水

5 口・目・耳 11・12ページ

4 ①くち ②〈じん〉こう ③く
④め ⑤もく ⑥みみ ⑦みみ

5 ①耳 ②目 ③口 ④耳
⑤口 ⑥目 ⑦〈人〉口

6 かくにんドリル② 13・14ページ

1 ①しゃく ②くち ③せき ④め
⑤こう ⑥みみ ⑦もく ⑧く

2 ①{みず / すい} ②{すいでん / た}

3 ①耳 ②水 ③目 ④石 ⑤田
⑥石 ⑦目 ⑧口 ⑨水 ⑩石
⑪口 ⑫水田 ⑬口

ポイント

3 ①「耳」と ③⑦「目」は、かたちが にて いるので、気を つけましょう。「耳」の 一かく目や 五かく目は、ながく かきます。

7 一・二・三 15・16ページ

4 ①ひと ②いち〈ねん〉 ③ふた
④にがつ ⑤みかづき ⑥みっ
⑦さん

5 ①二月 ②三日月 ③三 ④三つ
⑤一〈年〉 ⑥二つ ⑦一つ

8 四・五・六　17・18ページ

4　①よ　②よっ　③よん　④いつか
⑤し・ご〈にん〉　⑥むっ　⑦む
⑧ろくがつむいか

5　①六　②五日　③四　④六つ
⑤四つ　⑥六月六日
⑦四・五〈人〉　⑧四

9 かくにんドリル③　19・20ページ

1　①むっ　②ろく　③よ　④さん
⑤いち　⑥し　⑦むいか
⑧みかづき

2　①にがつ／ふた　②いつか／ご

3　①四　②一　③六　④三日月
⑤六　⑥五日　⑦三　⑧四　⑨一
⑩五

4　①一つ　②三つ　③六つ

10 七・八・百　21・22ページ

4　①なな　②しちがつなのか　③や
④やっ　⑤ようか　⑥はち
⑦ひゃく〈ねん〉

5　①八　②八日　③七　④百〈年〉
⑤七月七日　⑥八　⑦八

11 九・十・千　23・24ページ

4　①ここのか　②きゅう　③くがつ
④とおか　⑤じっ
⑥じゅう〈えん〉　⑦ち
⑧せん〈えん〉

5　①十日　②千　③九日　④十
⑤九月　⑥千　⑦十　⑧九

12 かくにんドリル④　25・26ページ

1　①とおか　②やっ　③ち　④じっ
⑤ひゃく　⑥せん　⑦きゅう
⑧なのか

2　①しちがつ／なな　②ここのか／くがつ

3　①十　②九日　③千　④八日
⑤千　⑥八　⑦九　⑧十　⑨百
⑩九月　⑪八　⑫八　⑬十日

ポイント

1　「十」の　よみかたに　気(き)を　つけましょう。①は「とお」、④は「じっ」と　かきます。
⑤の　「百」は　「ひゃく」ですが、「百かい」などでは、「ひゃっ」と　いう　よみかたに　なります。

3　③⑤の　「千」の　一(いっ)かく目「ノ」を　わすれない　ように　しましょう。

13 大・中・小　27・28ページ

4　①おお　②だい　③たい　④なか
⑤すいちゅう　⑥ちい　⑦お・こ
⑧しょう〈がっこう〉

5　①水中　②大きい　③小〈学校〉
④中　⑤小・小　⑥大　⑦小さい
⑧大

14 上・下　29・30ページ

3　①うわ　②かみ・のぼ
③うえ・あ　④さ　⑤しも・くだ
⑥した・お　⑦か　⑧じょうげ

4　①下・下ろす　②上・上げる
③上下　④上・上る
⑤上　⑥下

かくにんドリル⑤ 31・32ページ

1 ①じょうげ ②しょう ③たい
④かわしも ⑤うえ ⑥か
⑦おがわ ⑧うわ

2 ①{おお / だい} ②{なか / すいちゅう}

3 ①下 ②下 ③上 ④川上 ⑤下
⑥小石 ⑦水中 ⑧下 ⑨大
⑩小

4 ①上げる ②小さい ③大きい

16 土・右・左 33・34ページ

4 ①つち ②ど ③と
④みぎ〈あし〉 ⑤う
⑥ひだり〈て〉 ⑦さゆう

5 ①左〈手〉 ②土 ③右 ④土
⑤右〈足〉 ⑥土 ⑦左右

17 手・足・力 35・36ページ

4 ①て ②しゅ ③てあし ④た
⑤そく ⑥ちから ⑦かりょく
⑧りき

5 ①足 ②火力 ③手 ④力
⑤手 ⑥力 ⑦足りる ⑧手足

18 かくにんドリル⑥ 37・38ページ

1 ①と ②りき ③そく ④て
⑤ちから ⑥かりょく ⑦しゅ
⑧ど

2 ①{さゆう / ひだりて} ②{みぎあし / う}

3 ①手 ②左手 ③右 ④足 ⑤土
⑥力 ⑦右 ⑧土 ⑨足 ⑩左右
⑪足 ⑫火力 ⑬力

夕・名・円 39・40ページ

4 ①ゆう ②ゆうひ ③な ④めい
⑤みょう〈じ〉 ⑥まる
⑦ひゃくえん

5 ①円い ②名 ③夕 ④百円
⑤名 ⑥夕日 ⑦名〈字〉

20 王・玉・車 41・42ページ

4 ①おう ②おう ③みずたま
④だま ⑤だま ⑥くるま
⑦しゃ ⑧ぎょく

5 ①玉 ②車 ③玉 ④王 ⑤車
⑥水玉 ⑦王 ⑧玉

21 かくにんドリル⑦ 43・44ページ

1 ①みずたま ②めい ③な
④おう ⑤ゆう ⑥だま ⑦しゃ
⑧みょう

2 ①{ごひゃくえん / まる} ②{くるま / しゃ}

3 ①名 ②王 ③車 ④名 ⑤円
⑥夕 ⑦王 ⑧車 ⑨円 ⑩夕日
⑪名 ⑫水玉 ⑬車

ポイント

3 ⑫の 「玉」の さいごの てん(丶)を わすれないように しましょう。

22 犬・虫・貝・竹 45・46ページ

5 ①いぬ ②けん ③むし
④ちゅう ⑤かい ⑥たけ
⑦ちく〈りん〉

6 ①虫 ②犬 ③竹〈林〉 ④貝
⑤犬 ⑥虫 ⑦竹

23 花・草・天・気 47・48ページ

5 ①はなび ②か ③くさ ④そう ⑤あま ⑥てんき ⑦け ⑧き

6 ①草 ②気 ③花 ④水気 ⑤草 ⑥花火 ⑦天気 ⑧天

24 かくにんドリル⑧ 49・50ページ

1 ①けん ②そう ③き ④むし ⑤あま ⑥け ⑦かい ⑧ちゅう

2 ① たけ／ちく ② はなび／か

3 ①花 ②天 ③草 ④水気 ⑤気 ⑥貝 ⑦虫 ⑧草 ⑨竹 ⑩天気 ⑪犬小 ⑫花火 ⑬虫

ポイント

1 ③⑥「気」の よみかたに 気を つけましょう。

き と よむ…空気・天気・げん気・びょう気など。

け と よむ…しお気・気はい・人気・さむ気など。

25 子・女・男 51・52ページ

4 ①こ ②じょし ③す ④おんな ⑤おとこ ⑥だんし ⑦なん

5 ①女 ②子 ③男 ④男 ⑤子 ⑥女子 ⑦男子

26 本・先・生 53・54ページ

4 ①ほん ②いっしょう ③さき ④い ⑤う ⑥は ⑦なま ⑧せんせい

5 ①生 ②生える ③生 ④本

27 かくにんドリル⑨ 55・56ページ

1 ①ほん ②おんな ③こ ④い ⑤いっしょう ⑥じょし ⑦なま ⑧は

2 ① なん／だんし ② せんせい／さき

3 ①生 ②子 ③男 ④生 ⑤子 ⑥女 ⑦生 ⑧女 ⑨生 ⑩男子 ⑪本 ⑫先生 ⑬男

28 文・字・学・校 57・58ページ

5 ①ぶん ②もん ③じ ④もじ ⑤まな ⑥がくせい ⑦がっこう

ちゅうい ⑴「文」は「ふみ」とも よみますが、ちゅうがっこうで がくしゅうする よみかたです。

6 ①字 ②学生 ③文 ④学ぶ ⑤学校 ⑥文 ⑦文字

29 町・村・林・森 59・60ページ

5 ①まち ②ちょう ③むら ④そん ⑤はやし ⑥もり ⑦しんりん

6 ①村 ②森林 ③町 ④町 ⑤森 ⑥村 ⑦林

30 かくにんドリル⑩ 61・62ページ

1 ①がっこう ②じ ③もん ④まな ⑤ちょう ⑥もじ ⑦がくせい ⑧そん

2 ① もり／しんりん ② ちくりん／はやし

3 ①森 ②村 ③町 ④学 ⑤村 ⑥町 ⑦文 ⑧林 ⑨森林 ⑩文字 ⑪文 ⑫学校 ⑬学

4 ①しらき　②しろ　③はく
④あか　⑤せき　⑥あお
⑦せい〈ねん〉

5 ①赤　②青い　③白木　④青〈年〉
⑤白い　⑥白　⑦赤い

32 人・入・年　65・66ページ

4 ①ひと　②めいじん　③にんき
④い　⑤はい　⑥にゅうがく
⑦としうえ　⑧いちねん

5 ①入学　②入る　③一年　④人
⑤入　⑥名人　⑦人気　⑧年上

33 かくにんドリル⑪　67・68ページ

1 ①しろ　②にゅうがく
③めいじん　④あか　⑤はい
⑥はく　⑦せき　⑧にんき

2 ①{としうえ / いちねん}　②{せいねん / あお}

3 ①白　②人　③一年　④人気
⑤名人　⑥入　⑦入　⑧赤　⑨人
⑩年上

4 ①青い　②白い　③赤い

34 立・見・休　69・70ページ

4 ①た　②りつ　③み　④み
⑤けんがく　⑥やす
⑦きゅうじつ

5 ①見　②立　③休む　④見学
⑤立　⑥休日　⑦見える

4 ①だ　②しゅつ　③はや　④そう
⑤ただ　⑥まさ　⑦せい・で
⑧しょうがつ

5 ①早　②正月　③正　④出　⑤出
⑥正・出　⑦早い　⑧正しい

36 かくにんドリル⑫　73・74ページ

1 ①はや　②まさ　③しゅつ　④で
⑤せい　⑥そう　⑦きゅうじつ
⑧しょうがつ

2 ①{けんがく / み}　②{りつ / た}

3 ①出　②早　③立　④出　⑤見
⑥立　⑦出　⑧休日　⑨見
⑩正月

4 ①休む　②正しい　③早い

ポイント

4 ②「正しい」の「し」を　わすれない
ように　しましょう。

37 糸・金・音　75・76ページ

4 ①いと　②かね　③かな
④きん・いと　⑤あしおと　⑥ね
⑦おん

5 ①金　②音　③糸　④足音
⑤金・糸　⑥金　⑦音

38 空・雨　77・78ページ

3 ①そら　②あ　③から　④くうき
⑤あめ　⑥あま　⑦うてん

4 ①雨　②空　③雨　④空
⑤雨天　⑥空　⑦空気

39 かくにんドリル⑬ 79・80ページ

1
①かね ②あめ ③くうき ④ね
⑤いと ⑥きん ⑦かな ⑧あ

2
①そら／から ②あしおと／おん

3
①金 ②空 ③金 ④糸 ⑤空
⑥雨 ⑦雨 ⑧金 ⑨音 ⑩雨天
⑪足音 ⑫空気 ⑬音

40 まちがえやすい かん字① 81・82ページ

1
①やま／さん ②みず／すい
③おと／おん ④ごがつ／いつか
⑤しゃ／ぐるま ⑥くがつ／ここのか

2
①王／玉 ②右／左 ③字／学 ④人／入
⑤大／犬 ⑥林／村／校

41 まちがえやすい かん字② 83・84ページ

1
①さん／みっ／みか ②ただ／せい／しょうがつ
③よ／よん／し ④そら／あ／から

2
①山／三 ②子／四 ③千／先 ④生／正
⑤虫／中 ⑥花／火

42 1年生の しんだんテスト① 85・86ページ

1
①め ②かわ ③やま ④くち
⑤ふた ⑥もく ⑦つち
⑧よっか ⑨いつ ⑩すい
⑪ちから ⑫ろくがつ

2
①手 ②犬 ③村 ④森林
⑤町 ⑥三日 ⑦草 ⑧天気

3
①生える ②学ぶ ③赤い
④大きい

43 1年生の しんだんテスト② 87・88ページ

1
①ゆう ②ど ③おんな ④こ
⑤な ⑥あか ⑦おとこ ⑧もじ
⑨やす ⑩じゅうねん
⑪せんえん ⑫しちごさん

2
①一 ②入 ③白 ④空気
⑤見 ⑥足音 ⑦村 ⑧五日

3
①青い ②上る ③下げる
④九つ

ポイント

3
③「下げる」の「げ」を わすれない ように しましょう。
「下る（くだる）」は、べつの ことばに なるので、気（き）を つけましょう。

44 1年生の しんだんテスト③ 89・90ページ

1
①たけ ②かい ③はや ④ほん
⑤いと ⑥おん ⑦あめ
⑧せんせい ⑨た ⑩はなび
⑪しゃ ⑫ちゅうがっこう

2
①人 ②耳 ③金 ④一年
⑤出 ⑥三日月 ⑦虫 ⑧百円玉

3
①休む ②小さい ③生まれる

つまずきかいけつ

小学ドリル

かん字カード

1年生

つかいかた

・てんせんで　きりとって　カードに　しましょう。

・カードを　ひっくりかえして　こたえあわせが　できます。

くもん出版

かたちが　にて　いる　かん字

●――の　よみかたを　こたえましょう。

・大きな　どうぶつ。

・犬が　ほえる。

かたちが　にて　いる　かん字

●――の　よみかたを　こたえましょう。

・木に　のぼる。

・本を　よむ。

かたちが　にて　いる　かん字

●――の　よみかたを　こたえましょう。

・とおくを　見る。

・貝を　ひろう。

かたちが　にて　いる　かん字

●――の　よみかたを　こたえましょう。

・一日の　よてい。

・白い　ブラウス。

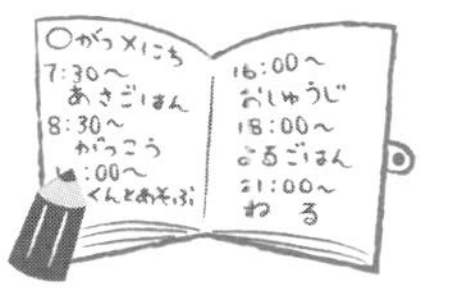

かたちが　にて　いる　かん字

●――の　よみかたを　こたえましょう。

・字を　かく。

・こくごを　学ぶ。

かたちが　にて　いる　かん字

●――の　よみかたを　こたえましょう。

・右に　まがる。

・まるい　石を　ひろう。

かたちが　にて　いる　かん字

●――の　よみかたを　こたえましょう。

・人を　さがす。

・きょうしつに　入る。

かたちが にて いる かん字

◆――を かん字で かきましょう。

・とおくを みる。

・かいを ひろう。

かたちが にて いる かん字

◆――を かん字で かきましょう。

・ひとを さがす。

・きょうしつに はいる。

かたちが にて いる かん字

◆――を かん字で かきましょう。

・きに のぼる。

・ほんを よむ。

かたちが にて いる かん字

◆――を かん字で かきましょう。

・みぎに まがる。

・まるい いしを ひろう。

かたちが にて いる かん字

◆――を かん字で かきましょう。

・おおきな どうぶつ。

・いぬが ほえる。

かたちが にて いる かんじ

◆――を かんじで かきましょう。

・じを かく。

・こくごを まなぶ。

つまずきかいけつ

小学ドリル

かん字カード

1年生

かたちが にて いる かん字や おなじ よみかたの かん字は まちがえやすいので、よみかたや つかいかたの ちがいを しっかり おぼえよう！

くもん出版

かたちが にて いる かん字

◆――を かん字で かきましょう。

・一にちの よてい。

・しろい ブラウス。

かたちが にて いる かん字(じ)

●――の よみかたを こたえましょう。

・王さまの すがた。

・くす玉を わる。

かたちが にて いる かん字(じ)

●――の よみかたを こたえましょう。

・十一人(いちにん) あつまる。

・千円(えん)さつを わたす。

かたちが にて いる かん字(じ)

●――の よみかたを こたえましょう。

・土を ほる。

・木(き)の 上を ゆびさす。

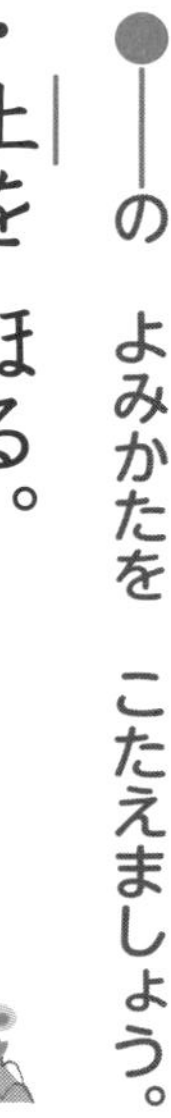

おなじ よみかたの かん字(じ)

●――の よみかたを こたえましょう。

・日かげで 休(やす)む。

・火が もえる。

おなじ よみかたの かん字(じ)

●――の よみかたを こたえましょう。

・子どもが あそぶ。

・小つぶの ぶどう。

おなじ よみかたの かん字(じ)

●――の よみかたを こたえましょう。

・小学校(がっこう)に かよう。

・正月(がつ)の りょうり。

おなじ よみかたの かん字(じ)

●――の よみかたを こたえましょう。

・ろう下を あるく。

・火よう日(び)に なる。

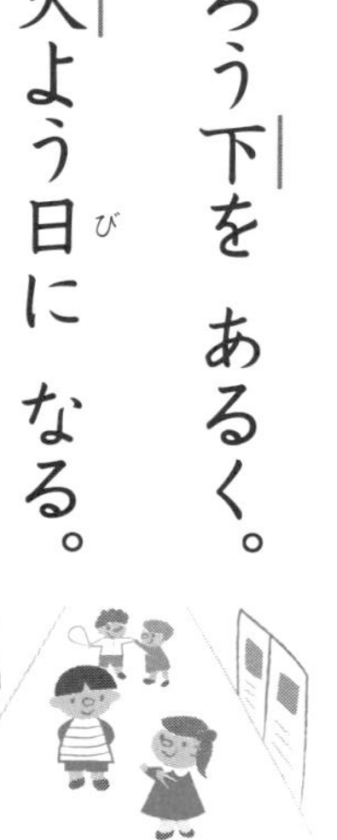

おなじ よみかたの かん字(じ)

●――の よみかたを こたえましょう。

・千ばづるを おる。

・先生(せい)が おしえる。

おなじ　よみかたの　かん字

◆――を　かん字で　かきましょう。

・ひかげで　休(やす)む。

・ひが　もえる。

かたちが　にて　いる　かん字

◆――を　かん字で　かきましょう。

・つちを　ほる。

・木(き)の　うえを　ゆびさす。

かたちが　にて　いる　かん字

◆――を　かん字で　かきましょう。

・じゅう一人(いちにん)　あつまる。

・せん円(えん)さつを　わたす。

かたちが　にて　いる　かん字

◆――を　かん字で　かきましょう。

・おうさまの　すがた。

・くすだまを　わる。

おなじ　よみかたの　かん字

◆――を　かん字で　かきましょう。

・せんばづるを　おる。

・せん生(せい)が　おしえる。

おなじ　よみかたの　かん字

◆――を　かん字で　かきましょう。

・ろうかを　あるく。

・かよう日(び)に　なる。

おなじ　よみかたの　かん字

◆――を　かん字で　かきましょう。

・しょう学校(がっこう)に　かよう。

・しょう月(がつ)の　りょうり。

おなじ　よみかたの　かん字

◆――を　かん字で　かきましょう。

・こどもが　あそぶ。

・こつぶの　ぶどう。

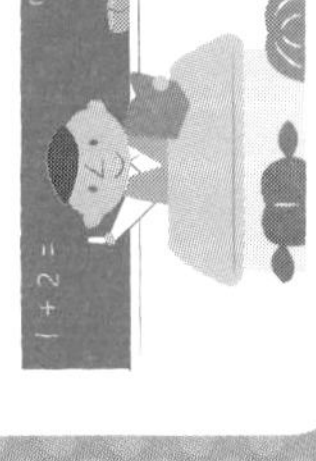

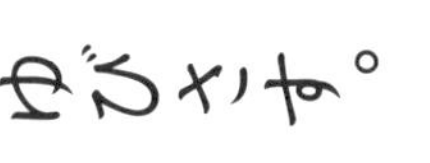

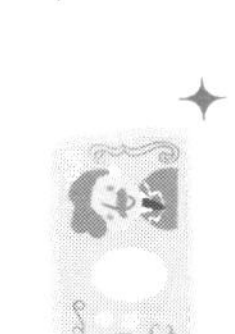

おなじ　よみかたの　かん字（じ）

●——の　よみかたを　こたえましょう。

・こうじ中の　みち。

・こん虫の

かんさつ。

おなじ　よみかたの　かん字（じ）

●——の　よみかたを　こたえましょう。

・クイズに

正かいする。

・一年生（いちねんせい）に　なる。

おなじ　よみかたの　かん字（じ）

●——の　よみかたを　こたえましょう。

・九ひきの　かえる。

・休日（じつ）を　すごす。

おなじ　よみかたの　かん字（じ）

●——の　よみかたを　こたえましょう。

・名犬（めいけん）と　よばれる。

・こうじょうを

見学（がく）する。

おなじ　よみかたの　かん字（じ）

●——の　よみかたを　こたえましょう。

・町（まち）の　人口（じんこう）を

しらべる。

・校かを　うたう。

おなじ　よみかたの　かん字（じ）

●——の　よみかたを　こたえましょう。

・三りん車（しゃ）に

のる。

・ふじ山が　見（み）える。

おなじ　よみかたの　かん字（じ）

●——の　よみかたを　こたえましょう。

・赤はんを　たべる。

・ほう石が　ひかる。

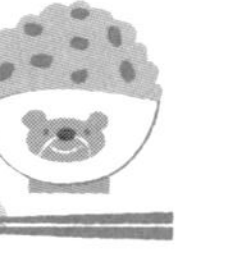

おなじ　よみかたの　かん字（じ）

●——の　よみかたを　こたえましょう。

・学校（がっこう）を

早たいする。

・ざっ草を　むしる。

おなじ よみかたの かん字

◆――を かん字で かきましょう。

・名けんと よばれる。

・こうじょうを けん学する。

おなじ よみかたの かん字

◆――を かん字で かきましょう。

・きゅうひきの かえる。

・きゅう日を すごす。

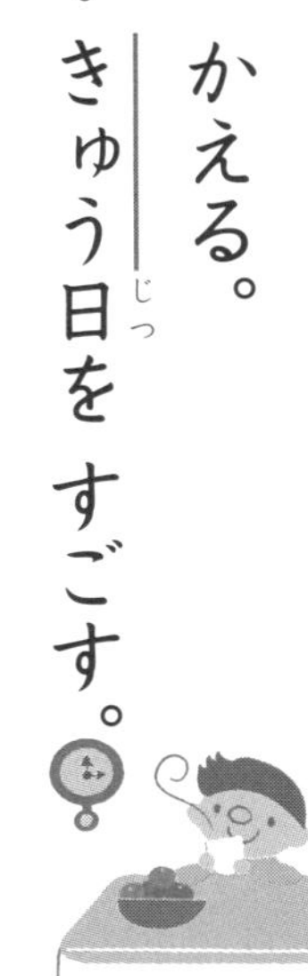
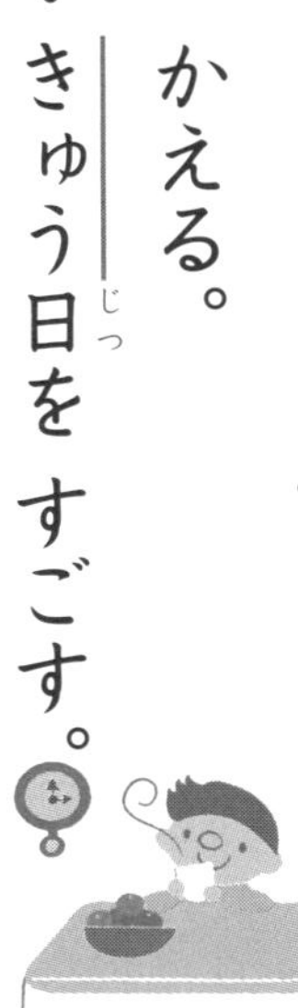

おなじ よみかたの かん字

◆――を かん字で かきましょう。

・クイズに せいかいする。

・一年せいに なる。

おなじ よみかたの かん字

◆――を かん字で かきましょう。

・こうじちゅうの みち。

・こんちゅうの かんさつ。

おなじ よみかたの かん字

◆――を かん字で かきましょう。

・学校を そうたいする。

・ざっそうを むしる。

おなじ よみかたの かん字

◆――を かん字で かきましょう。

・せきはんを たべる。

・ほうせきが ひかる。

おなじ よみかたの かん字

◆――を かん字で かきましょう。

・さんりん車に のる。

・ふじさんが 見える。

おなじ よみかたの かん字

◆――を かん字で かきましょう。

・町の 人こうを しらべる。

・こうかを うたう。

くもんの小学生向け学習書

くもんの学習書には、「ドリル」「問題集」「テスト」「ワーク」があり、課題や目標にあわせてぴったりの１冊と出合うことができます。

「お子さまが自分自身で解き進められる」次の一歩につながるこのことを、くもんの学習書は大切にしています。

くもんのドリル

- 独自の**スモールステップ**で配列された問題と**繰り返し練習**を通して、やさしいところから到達目標まで、**テンポよくステップアップ**しながら力をつけることができます。
- 書き込み式と１日単位の紙面構成で、**毎日学習する習慣**が身につきます。

- **小学ドリル**シリーズ　国／算／英／プログラミング
- **にがてたいじドリル**シリーズ　国／算
- **いっきに極める**シリーズ　国／算／英
- **夏休みドリル**シリーズ　国・算・英
- **夏休みもっとぐんぐん復習ドリル**シリーズ　国／算
- **総復習ドリル**シリーズ　国・算・英・理・社
  ※1・2年生はせいかつ
- **文章題総復習ドリル**シリーズ　国・算

くもんの問題集

- **たくさんの練習問題**が、**効果的なグルーピングと順番**でまとまっている本で、**力をしっかり定着**させることができます。
- 基礎～標準～発展・応用まで、目的やレベルにあわせて、さまざまな種類の問題集が用意されています。

- **集中学習 ぐ～んと強くなる**シリーズ　国／算／理／社／英
- **算数の壁をすらすら攻略**シリーズ　(大きなかず／とけい など)
- **おさらいできる本**シリーズ　算(単位／図形)

くもんのテスト

- **力が十分に身についているかどうかを測る**ためのものです。苦手がはっきりわかるので、効率的な復習につなげることができます。

- **小学ドリル 学力チェックテスト**シリーズ　国／算／英
- **覚え残し０(ゼロ)問題集！**シリーズ（漢字）

くもんのワーク

- １冊の中で**バリエーションにとんだタイプの問題**に取り組み、はじめての課題や教科のわくにおさまらない課題でも、しっかり見通しを立て、自ら答えを導きだせる力が身につきます。

- **読解力を高める ロジカル国語**シリーズ
- **小学1・2年生のうちに**シリーズ　理／社
- **思考力トレーニング**シリーズ　算・国／理・社

小学漢字に強くなる字典

小学校で学ぶ全1026字

たくさんの例文・熟語で、漢字の意味や使い方がよくわかります。
作文やことば調べなどの宿題に大かつやく。
なかまコーナーが学年をこえて漢字の世界を広げます。

● 漢字をすぐに見つけられる字典

学年別・総ふりがなで１年生から使える
音訓・総画・部首さくいんでさがしやすい
付録のシールで引きやすさアップ

● 宿題や自習に大かつやく

たくさんの例文・熟語を収録
ていねいな説明で、漢字の意味がよくわかる
ことば探しや文作りなど、家庭学習で役に立つ

● 漢字の世界を広げ、好きになる

イラスト付きの成り立ちで漢字が身近に
学年をこえて漢字のなかまを紹介

● 正しく、美しい字が書ける

すべての画を示している筆順コーナー
手書きのお手本文字で書き方がよくわかる

監修：和泉 新（図書館情報大学名誉教授）　A5判／800ページ

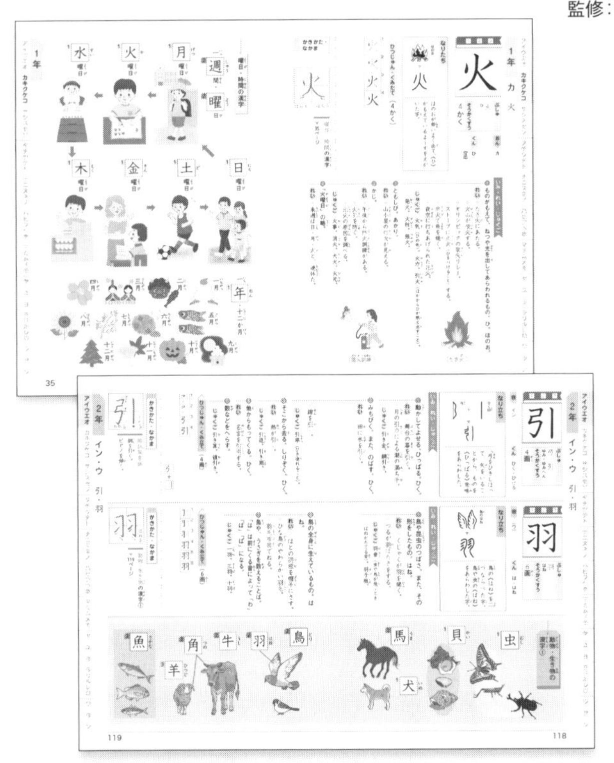

はじめての英語まるごと辞典

絵辞典 ＋ 英和 ＋ 和英

［絵辞典］＋［英和］＋［和英］が１冊にまとまった英語辞典です。学習者の興味やレベルに合わせてそれぞれのパートを活用することができます。イラストやマンガもいっぱいで、はじめての英語学習にぴったりです。

監修：卯城裕司（筑波大学）　A5判／576ページ

くもん出版